서쌤이 알려 주는
4차 산업 혁명과 미래 직업 이야기

서쌤이 알려 주는
4차 산업 혁명과 미래 직업 이야기

서지원 글 | 홍자혜 그림
처음 펴낸날 | 2018년 5월 31일
9쇄 펴낸날 | 2022년 10월 20일
펴낸이 | 박봉서
펴낸곳 | (주)크레용하우스
출판등록 | 제5-80호
주소 | 서울 광진구 천호대로 709-9
전화 | (02)3436-1711
팩스 | (02)3436-1410
홈페이지 | www.crayonhouse.co.kr
이메일 | crayon@crayonhouse.co.kr

글 ⓒ 서지원 2018
이 책에 실린 글과 그림은 무단 전재 및 무단 복제할 수 없습니다.
*이 책에 실린 사진은 위키피디아, 구글에서 제공받았습니다.

ISBN 978-89-5547-583-8   73810

이 도서의 국립중앙도서관 출판시도서목록(CIP)은 서지정보유통지원시스템 홈페이지(http://seoji.nl.go.kr)와
국가자료공동목록시스템(http://www.nl.go.kr/kolisnet)에서 이용하실 수 있습니다.(CIP제어번호: CIP2018015657)

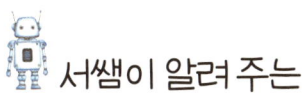

서쌤이 알려 주는
4차 산업 혁명과 미래 직업 이야기

서지원 글 | 홍자혜 그림

크레용하우스

■ 추천의 글

미래는 예측하는 것이 아니라 상상하는 것이다

2016년 2월 스위스 다보스에서 열린 세계경제포럼에서 "초등학생 65% 이상이 현재 존재하지 않는 직업에 종사하게 될 것이다."라고 발표했고, 미래학자 토마스 프레이(Thomas Frey)는 "10년 후 일자리의 60%는 아직 탄생하지도 않았다. 현재 존재하지 않는 일자리를 준비하라."고 했다.

지금 우리는 인공 지능, 로봇, 빅데이터, 사물 인터넷 등의 기술을 기반으로 하는 4차 산업 혁명 시대를 맞이하고 있다. 인간이 가지고 있는 대부분의 일자리들을 인공 지능 로봇에게 내주면서 우리는 무엇을 준비해야 하는지 고민이 아닐 수 없다. 이 책은 4차 산업 혁명 시대를 헤쳐 나가야 될 청소년들에게 유익한 안내서가 될 것이다.

우리가 만날 세상은 분명 급격히 변하고 많은 직업도 사라질 것이다. 현재의 부와 명예를 가져다주는 직업 대부분이 미래에도 부와 명예를 보장하지는 않을 것이다. 4차 산업 혁명 시대에 주도적인 역할을 하는 인재는 지식보다는 '생각하는 힘'을 갖춰야 한다.

즉 비판적 사고(Critical Thinking), 창의성(Creativity), 의사소통 능력(Communication skill), 협업 능력(Collaboration)을 기르는 활동들이 필요하다. 평생 직업이 사라진 시대에 청소년들은 이러한 능력을 익혀서 활용할 줄 알아야 살아남을 수 있다.

　삶을 살아가는 동안 누구를 만나느냐가 정말로 중요하다. 직접적인 만남도 중요하지만 책을 통한 간접적인 만남도 필요하다. 『4차 산업 혁명과 미래 직업 이야기』는 미래 기술 및 유망 직업들과 창의적인 인재가 되려면 어떤 공부를 해야 하는지 아빠가 자녀에게 들려주는 구성으로 재미있고 편안하게 풀어 가고 있다.

　4차 산업 혁명과 관련된 어려운 용어들의 사례를 들어가면서 자녀들이 이해하기 쉽게 설명하고, 미래 신기술들이 어떤 일자리를 없애고 새롭게 만들어 낼지 미래학자들의 이야기를 통해 소개하고 있다.

　끝으로 이 책은 학교에서는 교사가, 가정에서는 부모님이 자녀의 미래 진로 지도를 어떻게 해야 할지 지침서로써 활용할 수 있을 것 같다. 진로 교사로서 청소년들에게 진로 교육을 하는 데 많은 도움이 될 것 같다.

　"미래는 예측하는 것이 아니라 상상하는 것이다."라는 앨빈 토플러의 말처럼 우리가 예측한 대로 잘 준비한다면 미래는 우리가 걱정하는 것보다 훨씬 더 행복한 삶을 가져다줄 것이다.

김원배
(장충중학교 진로 진학 상담 교사)

■ 작가의 말

지금 꿈, 꾸고 있나요?

혹시 수업 시간에 무기력하게 엎드려 있는 친구들이 있나요? 초점 잃은 눈동자에 푸석한 얼굴로 간밤에 뭘 했는지 피곤에 찌들어 있는 친구가 있나요?

괜찮은 사람이 되고 싶은데 그렇지 못한 것 같고, 명문 대학에 가야 하는데 불가능하고, 미래를 준비해야 하는데 무엇을 어떻게 준비해야 할지 몰라서 느끼는 불안과 두려움 때문이지요.

그런 불안과 두려움, 무기력한 삶에서 탈출하려면 꿈을 가져야 해요. 꿈이 있는 삶은 지루할 수가 없고, 꿈을 이루기 위해서는 무기력할 여유가 없으니까요.

사람은 왜 살까요? 지금도 스스로에게 묻습니다. 결론은 늘, 행복하기 위해서라고 대답합니다. 우리는 행복하기 위해 살지요. 그러나 행복은 저절로 오는 게 아니에요. 더구나 무기력한 상태에 빠져서 꿈 없이 산다면 행복해질 수가 없어요.

그런데 이 땅에 사는 청소년들의 현실은 안타깝게도 학원과 과외 수업, 게임이나 텔레비전 등에 시간을 빼앗겨 자기 자신을 돌아보거나 미래의 삶을 설계하는 시간이 없어요. 진정한 자아를 찾는 시간이 없으니까 결국은 무기력에 빠지고 타인으로부터 받은 상처의 수렁에 빠져 헤어 나오지 못하는 거지요.

미래를 위한 준비는 자기 자신에게서 시작해야 해요. 자신을 잘 살펴보고 좋아하는 것, 잘하는 것을 알아내고 그에 알맞은 꿈을 찾아야 해요.

그런데 우리나라 교육의 가장 큰 문제는 공부처럼 꿈마저도 주입하고 있다는 거예요. 요즘 부모들은 자식의 미래를 걱정하며 돈을 잘 벌어야 성공하는 거라는 꿈을 주입하기도 하지요. 그래서 그런지 요즘 청소년들 중에는 돈을 많이 벌면 최고라고 생각하는 경우가 많아요. 하지만 돈을 많이 버는 게 인생의 목표라면 인생의 주인은 내가 아니라 돈이 되는 거예요.

꿈은 주입당하는 게 아니라 자신이 직접 꾸는 거예요. 자신의 적성과 행복에 따라 꿈을 꾸고, 그 꿈을 가꾸어 나가야 해요. 그러려면 책을 많이 읽고 토론도 많이 하고 다양한 경험을 쌓아야 해요.

세상은 빠르게 변화하고 있어요. 그만큼 과거와는 다른 더 많은 기회가 열릴 거예요. 미래를 내다보는 밝은 눈을 가지세요. 꿈을 갖고 살아야 삶의 주인이 될 수 있어요. 누구도 자신의 삶을 대신 살아 줄 수는 없어요.

2018년 초여름에
여러분을 응원하는 서쌤이

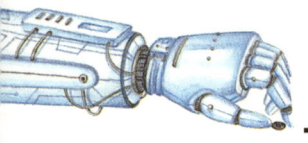

차 례

4차 산업 혁명과 유망한 미래 직업

왜 4차 산업 혁명이라고 할까요? 12
어떤 직업들이 앞으로 사라질까요? 25
어떤 직업이 새로 만들어지고 유망할까요? 32
기술을 알면 미래 직업 경향이 보여요! 47
미래학자들이 예측하는 미래의 유망 직업 51
미래 인재가 되기 위해 필요한 능력은 무엇일까요? 66

4차 산업 혁명을 이끄는 성공한 인물과 기업들

미래의 성공이 중요할까요? 행복이 중요할까요? 80
미래를 설계하는 일론 머스크 85
4차 산업 혁명의 핵심 기술로 재무장한 구글 그룹 90
로봇으로 움직이는 공장, 아디다스 스피드 팩토리 96
산업 인터넷 플랫폼으로 기업들을 연결하는 제너럴 일렉트릭 101
공유 시대를 활짝 연 우버와 에어비앤비 104

3

4차 산업 혁명을 이끌 융합 과학 기술

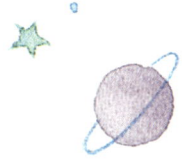

융합 인재가 되려면 어떤 공부를 해야 할까요? 112
미래를 내다보고 모든 것을 예측하는 빅데이터 119
인간의 능력을 뛰어넘는 인공 지능 컴퓨터 123
또 하나의 현실 세계, 가상 현실과 증강 현실 128
컴퓨터로 돈을 캔다, 가상 화폐 비트코인 132
혼자 날아다니는 작은 항공기, 드론 136
어떤 물건이든 출력하는 3D 프린터 141
필요한 정보를 전달해 주는 웨어러블 장치들 144
말하면 알아서 척척 해 주는 나만의 개인 비서 147
물건과 대화하고 명령하는 사물 인터넷 151
눈동자나 지문으로 나를 증명하는 생체 인식 기술 154
몸속에 넣는 전자 생체 삽입 장치 157
컴퓨터와 머릿속을 연결하는 뇌 컴퓨터 인터페이스 160
내가 원하는 아기를 만들 수 있는 유전자 연구 164
스스로 생각하고 움직이는 자율 주행 자동차 168
가스나 휘발유가 필요 없는 미래의 자동차들 172
내 마음대로 조종 가능한 스마트 홈과 스마트 시티 175
사람을 닮은 휴머노이드 178
미루지 말고 세상을 깜짝 놀라게 해요! 183

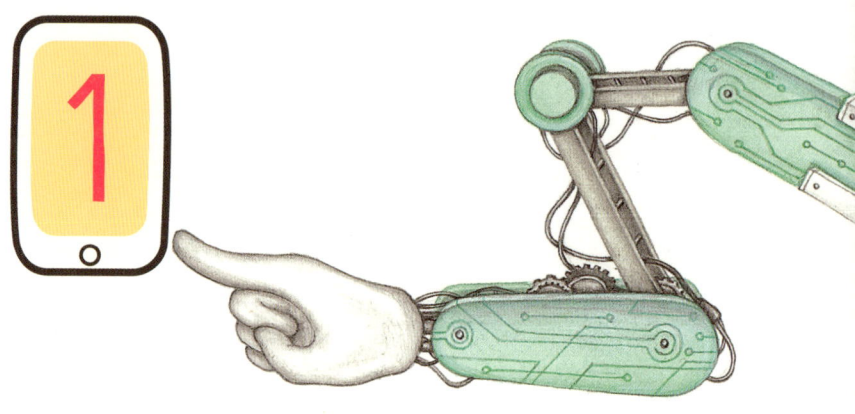

1

4차 산업 혁명과 유망한 미래 직업

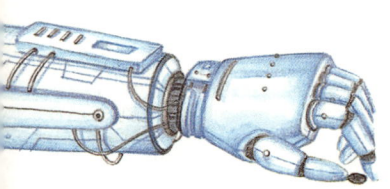

4차 산업 혁명은 우리의 삶을 크게 바꾸어 놓고 있다. 과연 4차 산업 혁명은 무엇이며 우리가 살아갈 미래에 유망한 직업은 무엇인지 알아보자.

왜 4차 산업 혁명이라고 할까요?

어떤 직업들이 앞으로 사라질까요?

어떤 직업이 새로 만들어지고 유망할까요?

기술을 알면 미래 직업 경향이 보여요!

미래학자들이 예측하는 미래의 유망 직업

미래 인재가 되기 위해 필요한 능력은 무엇일까요?

 ## 왜 4차 산업 혁명이라고 할까요?

　4차 산업 혁명 시대는 정보 통신 기술을 바탕으로 이루어졌어. 그렇다면 2030년 컴퓨터나 인터넷을 쓸 수 없는 사람들은 어떻게 살아갈까? 마치 문명을 모르는 원시인처럼 살아가게 될까? 욱아, 민아, 너희 생각은 어떠니?

　욱: 아빠, 4차 산업 혁명에 대해 재미있는 이야기를 들려주신다고 하더니 왜 갑자기 어려운 질문을 하세요?
　민: 시작부터 우리를 시험에 빠뜨리시는 건가요? 난 문제라면 딱 질색이에요.

　휴우, 역시 보통 쌍둥이가 아니군. 그러면 다른 이야기로 시작해 볼게.

어느 깊은 가을 밤, 잠을 자던 제자가 깨어나 갑자기 구슬프게 울기 시작했어. 스승은 그 모습을 보고 이렇게 물었지.

"나쁜 꿈을 꾸었느냐?"

"아닙니다."

"슬픈 꿈을 꾸었느냐?"

"아닙니다. 달콤한 꿈을 꾸었습니다."

"그런데 왜 그리 슬피 우는 게냐?"

제자는 흐르는 눈물을 닦아 내며 나지막이 이렇게 말했어.

"그 꿈이 이루어질 수 없기 때문입니다."

욱: 민아, 아까 아빠가 했던 질문보다 더 난해하다. 제자는 왜 울었을까?

민: 나도 모르겠어. 그런데 이야기를 듣고 감동이 막 오려다가 아빠의 어설픈 목소리 연기 때문에 다시 가 버렸어.

이건 〈달콤한 인생〉이라는 영화에 나오는 대사란다. 아빠가 이 이야기를 꺼낸 건 꿈에 대해 이야기하고 싶어서야. 그리고 4차 산업 혁명과 미래 직업에 대해 너희한테 알려 주려는 건, 너희가 행복한 삶을 살기를 진심으로 원하기 때문이야.

사람이 사는 건 행복하기 위해서야. 물론 공부도 중요하지. 하지만 공부보다 더 중요한 건 자기 자신을 돌아보고 자신의 삶을 설계하는 거야. 그러려면 삶의 목표가 있어야 하고, 목표가 있으면 공부도 알아서 열심히 하게 되지.

 지금 너희는 인생을 설계하고 행복해지기 위한 준비를 해야 해. 너희가 가진 적성과 취향, 능력에 맞춰 진로를 선택할 수 있도록 말이야. 그래서 아빠는 너희가 살아갈 미래의 모습을 보여 주고 싶어. 이루어질 수 없는 꿈을 꾸다가 깨어나 슬피 우는 사람이 아니라 목표를 정하고 미래의 꿈을 이루기 위해 달려가게 해 주고 싶구나.

 서론이 너무 길다고? 우리 가족이 다 함께 여행을 떠났던 날 기억하니? 그날 너희 둘과 할머니 할아버지, 그리고 엄마 아빠 모두 여행을 가느라 들떠 있었지. 처음으로 다 함께 가는 여행이었을 거야.

 그런데 식구가 많다 보니 준비하는 게 여간 힘든 게 아니었어. 떠나려고 하면 "아차차!" 하고 누군가 꼭 잊고 온 것이 있어서 집에 다시 갔다 오기 일쑤였으니까. 다행히 출발하고 나서 톨게이트를 벗어날 때까지 누구도 다시 돌아가야 한다는 말이 없었지.

 "이번엔 무사히 여행을 떠나려나 보다." 하고 할머니께서 말할 때였지. 갑자기 너희 엄마가 손뼉을 치며 "어머나!" 하고 소리쳤던 거 기억나니? 엄마가 에어컨을 끄지 않았다며 집으로 다시 돌아가자고 했어. 그때 아빠는 아주 느긋하게 말했지. "휴대 전화로 끄면 돼." 하고. 아빠가 휴대 전화 애플리케이션으로 에어컨을 끄

자 할머니는 요즘 세상이 너무 좋아진 것 같다며 신기해했지. 그리고 여행지에 도착해서 가족사진을 찍고 싶으셨던 할아버지가 주위를 둘러보며 사진 찍어 줄 사람을 찾았잖아. 아빠는 휴대 전화를 앞에 있는 바위 위에 세워 놓고 "사진 찍어 줘."라고 외쳤고 휴대 전화가 알아서 사진을 찍어 주었어. 그날 할아버지와 할머니는 세상이 너무 빠르게 바뀌어서 더 이상 쫓아갈 수 없을 것 같다고 말씀하셨지.

욱이가 혼자 오랜 시간 운전하느라 지쳐 있는 아빠 모습을 보고 얼른 면허증을 따서 운전해 주겠다고 큰소리 쳤던 것도 기억나니? 하지만 몇 년 후면 사람이 운전하지 않고 스스로 운전하는 자동차가 다닐 테니 네가 수고하지 않아도 될 거야. 어쩌면 10년 뒤에는 날아다니는 드론 자동차까지 나올지 몰라.

그게 뭐가 신기하냐고?

하긴 변화하는 과학 기술을 빨리 받아들이는 너희 세대에게는 신기한 일이 아닐지 모르겠지만, 나이가 많은 어른들은 하루가 다르게 변화하는 세상에 깜짝 놀랄 때가 한두 번이 아니야. 100년 전 우리나라 최초로 들어온 전깃불을 보고 도깨비불인 줄 알고 놀랐다던 조상들이 떠오르는구나.

지금 우리 시대는 급격한 변화가 일어나고 있어. 너희가 살아가게 될 10년 뒤 세상은 어떻게 변해 있을까? 요즘 같은 세상이 오리라고 불과 10여 년 전까지만 해도 상상조차 할 수 없었지. 누가 휴대 전화를 이용해 전등을 끄고, 가스 밸브를 잠그고, 집에 들어온 도둑을 쫓아낼 거라고 상상이나 했을까? 그저 휴대 전화는 전화를 걸고 받는 도구였을 뿐인데.

너희가 사회인으로 살아갈 10여 년 후에는 우리가 상상하지 못한 놀라운 세상이 펼쳐지게 될 거야. 세상은 아주 빠른 속도로 엄청난 변화를 겪고 있으니까. 미래학자와 과학자들은 모든 것이 알아서 척척 자동으로 처리되는 공상 과학 영화 같은 세상이 될 거라 예측하고 있어. 영화 속에 등장했던 신기한 기술들이 현실에 나타나는 것이지.

그런데 아빠가 가장 염려하는 건 너희가 가질 직업이야. 아마 그때쯤 되면 현재 있는 직업이 절반 이상, 어쩌면 80%까지 사라지고 전혀 새로운 직업이 나타난다고 해. 아마도 인기 직업 목록에서 의사가 빠질 거라는구나. 인공 지능 컴퓨터가 전 세계인의 건강 정보를 갖고 있다가 누군가 아프면 자료를 찾아 어디가 아픈지 치료법과 약을 알려 준다니까.

욱: 그럼 의사가 되겠다고 열심히 공부하는 삼촌은 어떻게 되는 거야?

민: 의사 로봇의 조수? 삼촌이 로봇 밑에서 일한다고?

욱: 사라지는 직업이 또 있어요? 설마 내가 꿈꾸는 직업이 사라지는 건 아니겠죠?

도로의 교통순경도 더 이상 찾아볼 수 없는 희귀 직업이 될 거야. 2030년 자동차에는 첨단 컴퓨터와 센서가 부착될 테니까. 그러면 주변의 자동차나 사물을 알아서 비켜 갈 수 있게 되지. 첨단 내비게이션이 원하는 곳으로 알아서 데려다주기 때문에 도로에는 표지판이나 신호등이 사라질지 몰라.

자동차뿐 아니라 모든 물건에 센서가 장착될 거야. 아마 2030년쯤에는 물건을 훔쳐 가는 사람이 가장 큰 웃음거리가 될 것 같구나. 물건의 위치가 컴퓨터나 휴대 전화에 바로 나타날 테니까 말이야. 경찰은 도로 교통을 정리하거나 도둑을 잡는 대신 로보캅처럼 새로운 악당을 찾아서 도시를 누비겠지.

너희가 들으면 눈이 휘둥그레질 반가운 소식도 있어. 2030년이 되면 세상 아이들이 모두 인기 아이돌처럼 멋지고 예쁜 모습을 갖게 될지도 몰라. 생명 공학과 디지털 기술의 결합으로 사람들은 자신의 유전자 중 원하는 유전자만 골라서 아기를 만들 수 있게 될 테니까 말이야.

정말 이렇게 많은 것이 바뀔까 하고 고개를 갸웃할 수도 있어. 그러나 충분히 가능한 이야기야. 그건 바로 4차 산업 혁명 때문이지. 전문가들은 이미 우리 사회가 4차 산업 혁명 시대로 접어들었다고 말하고 있어. 사람의 목소리를 알아듣고 필요한 걸 척척 해결해 주는 시리 같은 인공 지능 비서라든지, 바둑 제왕을 꺾을 정도로 숙련된 알파고의 인공 지능은 4차 산업 혁명의 대표적인 예로 꼽을 수 있지.

욱: 그런데 왜 혁명이라고 해요?
민: 혁명은 무서운 거 아니에요? 피 흘리고 싸우는…….

프랑스 혁명이라는 말은 여러 번 들어 봤을 거야. 과거 프랑스에서 왕이 다스리던 세상을 국민이 주인인 세상으로 바꾼 것을 일컫는 말이지. 혁명은 이렇게 지금까지와는 다른 새로운 세상이 되거나 새로운 무엇이 만들어지는 것을 말한단다.

4차 산업 혁명을 이해하려면 일단 산업 혁명이 무엇인지부터 알아야 해. 보통 '산업 혁명'이라고 하면 18세기 중엽 영국에서 시작한 기술 혁신을 말해. 그런데 정확하게 말하면 그건 2차 산업 혁명이야.

인류 역사에서 1차 산업 혁명이 시작된 건 신석기 시대였어. 현 인류와 가장 가까운 조상인 호모 사피엔스 사피엔스는 약 4만 년 전에 지구에 나타났는데, 이전까지만 해도 인류는 열매를 따 먹거나 수렵을 하며 떠돌이 생활을 했지.

그러던 중 호모 사피엔스 사피엔스는 땅에 떨어진 열매에서 싹이 나고 다시 열매가 열린다는 사실을 알게 됐지. 더 이상 열매를 찾기 위해 돌아다니지 않게 된 거야. 사람들은 마을을 이루어 모여 살게 됐어. 이때부터 농사를 짓고 가축을 기르며 본격적인 농업 사회를 이루게 된 거야. 기원전 8000년 경 인류가 이뤄낸 첫 번째 산업 혁명이 바로 농업 혁명인 거지.

그 뒤로 사람들은 큰 변화 없이 긴 시간을 살아왔어. 그러다가 유럽에서 과학이 크게 발달했고 생활에 응용하는 방법도 터득했지. 사람들은 손으로 하던 일에 기계의 힘을 빌리게 되었어. 옷감을 짜는 방직기도 바로 이때 만들어진 것이지.

영국의 기술자 존 케이는 옷감을 더 빨리 짜낼 방법을 고민하다가 방직기라는 기계를 만들었지. 손으로 일일이 옷감을 짜지 않고 기계만 작동시키면 옷감이 완성되도록 한 거야. 덕분에 방직기를 이용한 공장이 여러 곳에 생겼어.

그런데 문제가 하나 있었어. 방직기를 이용하려면 항상 물이 흘러야만 했어. 물이 흐르는 힘을 이용해서 기계를 움직였기 때문이지. 하지만 물이란 원래 가뭄이 들면 줄어들고 비가 오면 늘어나는 것이잖니. 방직 공장의 주인들은 늘었다 줄었다 하는 물의 양 때문에 일정한 양의 옷감을 생산할 수가 없었어.

그때 와트가 증기 기관이라는 것을 만들어 냈지. 증기 기관은 수증기를 이용해 기계를 움직이는 장치였어. 수증기를 만들려면 불을 때 물을 데워야 했기 때문에 석탄이 엄청나게 필요했지. 옷감을 생산하기 위해 사람들은 석탄이 필요했고, 덕분에 제철 산업도 크게 발전하게 됐어.

영국 곳곳에 공장이 세워졌고 공장이 들어설 때마다 크고 작은 산업들이 발달했지. 거리엔 일거리가 넘쳐났어. 시골에서 농사짓던 사람들이 도시로 올라와 공장에서 일하기 시작했어. 농사짓던 시대가 가고 공장을 움직여 물건을 만드는 시대가 온 거야. 18세기 중엽 영국에서 시작된 2차 산업 혁명은 유럽에서 세계로 퍼졌고 인류는 새로운 삶을 맞게 되었지.

3차 산업 혁명이 일어난 건 불과 얼마 전의 일이야. 컴퓨터가 발달하면서 세상이 바뀌게 된 거지. 세계 최초의 전자식 컴퓨터는 '애니악'이야. 1946년에 모클리와 에커트 교수가 만들었지. 이때까지만 하더라도 백열등 모양의 진공관이 18,800개가 들어 있는 30톤짜리 컴퓨터가 세상을 바꿀 거라고 상상조차 하지 못했어. 그런데 컴퓨터가 발달하면서 사람들은 인터넷 기술을 기반으로 지식 산업을 크게 발전시키게 되었어.

1970년대 이후 컴퓨터가 일으킨 변화를 디지털 혁명 또는 3차 산업 혁명이라고 해. 오늘날까지 우리는 쭉 3차 산업 혁명의 세상 속에 살아가고 있지.

그러다가 사람들의 생활은 또 한 번 큰 변화를 맞이해. 많은 사람들이 스마트폰을 쓰게 되고, 스마트폰과 여러 가지 전기 제품의 연결이 가능해진 거야. 컴퓨터와 네트워크를 연결한 기술을 ICT(Information and Communication Technology), 정보 통신 기술이라고 하는데 이 기술은 물리, 화학, 생명 과학 등 다른 학문 분야에까지 확대되어 이제까지 보지 못한 새로운 기술들을 개발

사람과 사물, 컴퓨터가 네트워크로 연결되는 미래 사회

해 냈지.

　사람과 사물, 컴퓨터가 네트워크로 연결되고 컴퓨터 속 가상 세계와 현실 세계가 연결된 거야. 앞으로 4차 산업 혁명은 기술뿐 아니라 사회, 문화, 경제 등 사람들의 일상생활 전부를 바꾸어 놓을 거야.

　4차 산업 혁명을 통해 인류가 얼마나 발전할 수 있을지 사람들은 들뜬 마음으로 기다리고 있어. 어떤 사람들은 4차 산업 혁명 때문에 나라와 나라, 사람과 사람 사이의 격차가 더욱 크게 벌어질까 걱정하기도 해. 실제 4차 산업 혁명은 스위스나 미국, 독일

등 선진국을 중심으로 일어나고 있거든.

　지구의 어떤 곳에는 아직 2차 산업 혁명도 제대로 겪어 보지 못한 사람들이 살고 있어. 아프리카나 아마존 오지에서는 동물을 이용해 농사를 짓고 있지. 그곳에는 아직 컴퓨터와 인터넷을 아직 접해 보지 못한 사람들도 많아.

　아직 사회 전반에 걸쳐 3차 산업 혁명이 제대로 일어나지 않은 나라도 많이 있어. 우리나라의 경우 90% 이상의 사람들이 스마트폰을 쓰고 있어. 세계 여러 나라에서 절반 이상의 사람들이 스마트폰을 이용하고 있는데, 우크라이나나 이집트의 경우 30% 정도의 사람들만 스마트폰을 쓰고 있다는 게 단적인 예라 할 수 있지. 4차 산업 혁명이 본격적인 궤도에 오를 2030년이 되면 나라와 나라 사이의 격차는 더욱 커질 거야.

　4차 산업 혁명은 나라뿐 아니라 사람들 사이의 차이도 더욱 크게 만들 수 있어. 모든 것이 컴퓨터로 조작되면서 어떤 사람들은 일자리를 잃을 수 있겠지. 컴퓨터나 인터넷을 잘 다루지 못하는 사람은 소외 계급이나 정보 하층민으로 전락할 거야.

　중요한 정보를 빠르게 접할 수 있는 사람은 손쉽게 돈을 벌 것이며, 정보를 다룰 수 있는 사람과 없는 사람의 차이는 아주 커질 거야. 의학 기술의 발달로 세계의 인구 수는 더욱 늘어나고 나이 든 사람들도 점점 많아지겠지.

　그럼에도 4차 산업 혁명을 고대하는 까닭은 그것을 통해 인류가 한 단계 발달한 문명으로 도약할 수 있기 때문이야. 앞으로 변하게 될 인류의 미래가 궁금하지 않니?

　민: 좀 궁금해지는 것 같기도 하고……. 아, 배고프다. 우리 자장면 시켜 먹어요.
　욱: 한심하긴! 4차 산업 혁명이 다가오고 있는데 먹을 게 생각나니? 그런데 아빠, 햄버거 먹으면 안 돼요?

 ## 어떤 직업들이 앞으로 사라질까요?

민: 어른들은 왜 우리에게 자꾸 목표를 가지라고 해요? 우리는 아직 많이 살아 보지 않아서 잘 모르겠는데…….

욱: 오랜만에 내 생각이랑 같은 말을 했네. 직업이라든가 꿈, 목표를 정하라는 게 너무 부담스러워요. 놀면서 천천히 정하면 안 될까요?

어떤 직업을 가질 것인지 목표를 정하고 준비하는 건 쉽지 않은 일이지. 어른들은 너희가 아주 어렸을 때부터 "이다음에 커서 뭐가 되고 싶어?", "넌 꿈이 뭐니?" 하고 자주 물어봤을 거야. 사실은 아빠도 어렸을 때 그런 질문을 자주 들었는데 그때마다 뭐라고 대답할지 당황하긴 했어.

너희는 아직 자기 자신이 어떤 사람인지 잘 모르고, 세상이 어떤 곳인지 잘 모를 나이인데 꿈이나 목표, 직업 같은 것을 왜 빨리 정하지 않느냐고 자꾸 다그치면 짜증이 날 수밖에 없을 거야. 충분히 이해가 돼. 하지만 다음 이야기를 들으면 너희도 조금은 목표의 필요성을 느낄 거야.

미국의 어느 유명 대학교에서 학생들에게 목표가 있는지 조사했어. 목표가 분명하게 있는 대학생과 목표가 없거나 막연한 대학생이 있었지. 목표가 분명히 있다면 그 목표가 무엇인지도 물었어. 돈을 많이 버는 것이 목표인 부류와 사회나 다른 사람을 위한 목표를 가진 부류로 나누었어. 너희는 어떤 대학생들이 나중에 성공했을 거 같니? 그리고 어떤 대학생들이 미래에 행복하게 살고 있을 거 같니?

15년이 흐른 뒤 조사팀은 그 대학생들을 다시 찾아가 조사했어. 그런데 목표가 없는 대학생보다 목표가 있는 대학생들이 행복하게 살고 있었대. 또 돈을 벌겠다는 목표보다 사회나 다른 사람을 위한 목표를 가진 대학생들이 훨씬 더 행복하게 살고 있었지.

4차 산업 혁명으로 세상은 아주 빠르게 변화할 거야. 너희가 어떤 직업을 정하고 열심히 준비했는데 세상이 빠르게 변해서 그 직업이 사라진다면 어떻게 될까? 그동안 노력한 것이 허무하게 거품처럼 사라지지 않겠니? 실제로 그런 일이 앞으로는 많이 일어날 거야.

너희들은 '이다음에 무슨 일을 하면 좋을까? 나는 어떤 공부를 해야 할까?'와 같은 장래에 대한 고민부터 이성과 친구 문제 등 여러 가지 생각으로 복잡하겠지. 아빠가 너희 문제를 다 해결해 줄 수는 없겠지만 함께 고민하고 더 나은 방향을 찾아 줄 수는 있을 거야. 특히 너희들의 꿈이라든지, 장래 직업이라든지, 진로 문제에 관해서는 말이야.

욱이는 초등학교 2학년 때 트럭 운전수가 되고 싶다고 했던 거 기억나니? 너는 특히 대형 자동차를 좋아했지. 너희 엄마는 아직도 장난감 자동차를 가지고 노냐며 핀잔을 줬지만 넌 꿋꿋하게 자동차를 수집했어. 새로운 자동차 모형만 나오면 몇 달이라도 용돈을 아껴서 사고 말았지. 네가 제일 좋아한 건 볼보의 스카니아 트럭이었어. 네가 그것만 보면 가슴이 쿵쾅거린다며 들떠서 말했던 거 기억나니?

그런데 트럭 운전수가 되고 싶다는 네 꿈은 이루지 못할 거야. 엄마가 반대하기 때문이냐고? 아니, 그 직업 자체가 앞으로 사라질 가능성이 높기 때문이야.

시대가 바뀌면 사람들이 생활하는 모습도 바뀌게 돼. 농경 시대에는 대부분의 사람이 농사지으며 살았어. 그땐 사람들에게 특별한 장래 희망이랄 것도 없었지. 농사짓느라 늘 일손이 부족했으니까. 대부분의 사람들은 그저 어떻게 잘 농사짓는지 배웠어. 그러다가 2차 산업 혁명이 일어났고 그 후에는 농사짓는 사람보다 공장에서 일하는 사람이 많아졌지. 그리고 공장에서 일하는 사람보다 서비스 산업에 종사하는 사람이 더 많아졌는데 바로 3차 산업 혁명이 일어났기 때문이지.

너희들이 활동할 세상인 2030년 무렵은 로봇과 컴퓨터 없인 움직이지 못하는 세상이 될 거야. 사방에서 스스로 움직이는 기계가 일하고 있을 거야.

미래학자들은 현재 존재하는 직업의 약 80% 정도가 사라지거나 새로운 일자리로 바뀔 거라 예측하고 있어.

옥스퍼드대학의 한 연구소에서는 현재 있는 직업 중 약 47%가 20년 후에 사라질 거라는 연구 결과가 나왔지. 대표적인 직업은 텔레마케터를 비롯해 부동산 중개인, 계산원이나 택시 기사 등이야. 이 직업들은 컴퓨터나 로봇, 기계가 대신할 수 있기 때문에 아마 제일 먼저 사라질거야.

단순 노동 업무들은 모두 로봇이 대신 하는 세상이 될 거야. 또 기술의 발달로 인해 사라지는 직업도 생기겠지. 예전엔 전화 교환원이라는 직업이 있었어. 수화기를 들고 "어디로 걸어 주세요." 라고 말하면 전화를 연결해 주는 직업이었지. 그런데 통신의 발달로 인해 전화 교환원은 사라지고 말았어. 마찬가지로 4차 산업 혁명의 핵심으로 꼽히는 자율 주행 기술이나 드론, 인공 지능 기술 등이 발달하면 그와 관련된 직업들이 사라지겠지.

자율 주행 기술은 버스나 택시, 비행기 등 여러 가지 운송 차량에 적용되는 기술이야. 버스 기사나 대형 트럭 운전사는 물론 택

시 기사, 비행기 조종사까지 자율 주행 운송 차량이 대신할 수 있지. 이러한 기술의 발달과 더불어 사물 인터넷, 스마트 시티 기술이 발달하게 되면 운전사뿐 아니라 자동차와 관계 있는 다른 직업들도 사라질 수 있어. 어떻게 그런 일이 가능하냐고?

생각해 보렴. 모든 자동차에 사물 인터넷 기능이 지원되면 자동차들은 서로 부딪히기 전에 알아서 멈추거나 피할 거야. 그럼 자연히 교통사고는 줄어들고 교통사고를 처리할 경찰관이나 보험, 법률 대리인들의 역할도 줄어들겠지?

교통사고 환자를 치료했던 의사나 간호사들도 많이 필요하지 않게 될 거야. 그러면 관련 직업은 줄어들게 되고 나중엔 아예 사라질 수도 있지.

드론 기술은 직업 세계에 큰 변화를 가져올 기술로 꼽히고 있

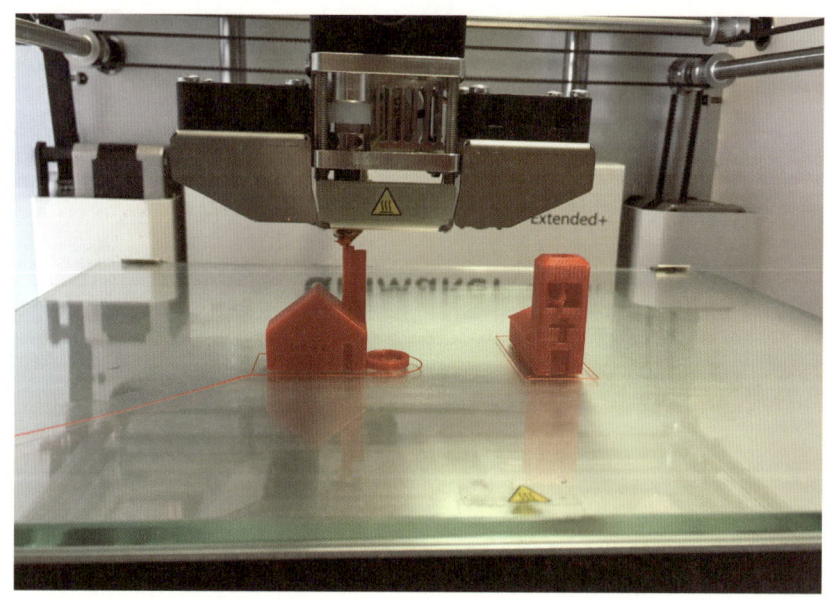
다양한 맞춤 상품을 제작하는 3D프린터

어. 앞으로 무인 드론기는 택배뿐 아니라 우편배달이나 음식 배달에도 사용될 예정이야. 드론은 위험을 무릅쓰고 사람이 해 왔던 일도 대신할 거야. 산불을 관리하는 소방관, 해충이나 바이러스 소독 관리사도 미래에는 크게 줄어들 거라 예상하지.

그럼, 엄마 말대로 공부를 아주 열심히 해서 의사나 변호사가 되는 길만이 안정된 미래를 준비하는 길이냐고?

아니야! 왜냐하면 인공 지능의 발달은 지금 큰 인기를 끌고 있는 전문직도 사라지게 할 수 있거든. 기자를 비롯해 변호사, 의사, 금융 전문가, 통역사나 번역사들이 제공해 주던 고급 정보들을

2030년에는 인공 지능 컴퓨터가 대신 찾아 줄 거라고 해.

　정교하고 세밀한 로봇은 외과 의사 대신 수술을 담당하게 될 거고 일반인들도 3D 프린터를 이용해서 보석이나 옷을 마음대로 만들 수 있게 될 거야. 그러면 의사는 물론 의류 디자이너, 보석 디자이너, 세공사 같은 직업도 사라지겠지.

　원격 진료와 인공 지능, 스마트 홈 기술은 사람들이 병원에 갈 일도 줄여 줄 거야. 미래에는 원격 진료 시스템에 접속해 자신의 건강 상태를 입력하면 로봇 의사가 처방전을 알아서 보내 준대. 사람들은 종합 건강 검진이나 암 검사 등 큰 병이 났거나 몸 상태를 정밀하게 검사해야 할 때만 병원을 찾아가게 될 거야.

 ## 어떤 직업이 새로 만들어지고 유망할까요?

엄마: 여보, 애들 앞에서 내 흉을 봤다면서?
아빠: 내가? 그런 큰일 날 행동을 왜 해? 천벌 받으려고.
욱: 어제 그러셨잖아요. 엄마 말이 틀렸다고.
민: 저도 들었어요. 공부만 잘한다고 성공하는 건 아니라고.
엄마: 내 흉이나 보지 말고 애들에게 확실하게 미래를 볼 수 있는 능력을 길러 주라고요.

 내가 한 말은 그런 뜻이 아니라고. 아이들이 잘못 이해한 건데 억울하네. 게다가 미래를 볼 수 있는 능력을 길러 주라니, 내가 초능력자도 아니고!
 그래도 세계의 유명한 미래학자들이 예측한 미래는 알려 줄 수 있어. 아 참, 미래 예측에 대해 들려주기 전에 직업이 왜 중요한지

잠깐 짚고 넘어갈게. 직업은 세상을 살아가기 위해 꼭 필요한 거야. 살아가기 위한 수단으로 돈을 벌게 해 주기도 하지만 자신의 능력을 계발해 주고 사회에 기여하여 보람을 느끼게 하거든.

그런데 이 직업들이 바뀐다는 건 세상이 바뀐다는 걸 의미해. 예를 들어 대부분 농부라는 직업을 가지고 있다가 공장에서 일하는 직업이 많아졌다는 건 농업의 비중이 줄어들고 공업의 비중이 늘었다는 것을 의미하는 것이지. 이렇듯 직업은 개인의 삶을 영위하는 수단일 뿐만 아니라 사회가 어떻게 변화하고 있는지 보여 주는 지표이기도 해. 그래서 미래 직업에 대해 알아보는 게 중요한 거야.

미래 사회가 어떤 모습으로 바뀔지 상상해 보렴. 그리고 인기 있는 직업은 무엇일까? 미래학자들은 크게 여덟 가지 변화로 미래를 예측했어.

미래 예측 1 사람 대신 일하는 로봇, 그 로봇을 관리하는 사람이 늘어나게 될 거야!

미래의 첫 번째 특징은 세상의 많은 사물이 자동화되고 로봇이 사람을 대신한다는 거야. 지금은 거리에서 로봇을 본다는 게 하늘의 별따기처럼 어려운 일이지. 아주 특별한 장소에 가야 로봇을 구경할 수 있어. 하지만 미래 세상엔 거리에서 청소하는 로봇, 공장에서 물건을 만드는 로봇, 수술하는 로봇, 음식을 만들거나 나르는 로봇 등 아주 많은 종류의 로봇을 볼 수 있을 거야.

그렇다면 이 로봇을 관리하는 사람이 필요하겠지? 로봇이 무슨 일을 해야 할지 설정해 주고, 어떤 규칙에 따라 움직여야 하는지 관리할 사람 말이야. 로봇을 어떻게 활용할지 잘 모르는 사람을 위해 로봇 활용법을 상담해 주는 사람이나 로봇 관리사, 로봇 수리사, 로봇 개발자 등도 필요할 거야. 그래, 다양한 로봇 관련 직업이 생겨나겠지.

미래 예측 2 모든 것이 연결되는 세상이니까
세상을 분석하고 전략을 세우는 사람도 필요하겠지!

미래 사회의 특징으로 빅데이터와 인공 지능 기술을 꼽을 수 있다고 했지? 미래에는 지금보다 더 다양한 정보가 넘쳐날 거야. 그런데 정보가 너무 많으면 정작 나한테 필요한 정보를 찾아내기가 쉽지 않을 거야.

사람들은 돈을 주고서라도 자기에게 꼭 필요한 정보를 찾으려고 애쓰겠지. 수많은 정보 속에서 꼭 필요한 정보를 찾아내고 분석해 내는 사람이 필요할 거야.

2015년 우리나라 직업 사전에 이미 빅데이터 전문가가 새로운 직업으로 등장했어. 미래 사회에도 빅데이터와 관련된 많은 직업들이 생겨날 것으로 예상되고 있지.

　회사에서는 빅데이터가 더욱 중요해질 거야. 미래학자들은 각 분야별로 다양하게 디지털 데이터를 분석하는 직업이 늘어날 거라고 해.

　미래학자들이 발표한 유엔 미래 보고서에는 브레인 퀀트, 최고 경험 관리자, 세계 자원 관리자 등 아주 낯선 직업들이 등장해. 모두 빅데이터나 분야별 데이터베이스를 분석하여 투자를 결정하고 소비자들의 경험을 관리하며 자원을 어떻게 사용할지 전략을 세우는 직업들이지.

　아, 너희들, 빅데이터가 뭔지는 알지? 만약 모른다면 다시 한번 설명해 줄게. 빅데이터란 말 그대로 커다란 데이터, 아주 큰 정보를 말해. 거기에는 사람들이 세상에서 활동하는 모든 내용이 포함되어 있어. 당연히 내가 활동한 것도 포함되어 있지.

　친구가 올린 게시글에 단 나의 댓글이나 사진, 버스 이용 시간, 카드 결제 장소와 금액까지 모두 빅데이터 속에 들어 있어. 빅데이터 전문가들은 이런 데이터들을 분석해서 나에게 필요한 정보를 제공하는 거야.

　이를테면 "욱 군은 지난 일주일 동안 피시방에서 열 시간을 머물렀습니다. 욱 군이 공부를 잘하려면 피시방에 있는 시간을 줄여야 할 것입니다."

　이렇게 욱이의 행동 유형을 분석해서 공부와 접목시켜 주는 사람도 생겨날지 몰라. 그러면 욱이는 피시방에 갔던 사실을 들키고 싶지 않아서 빅데이터를 단속하고 싶겠지.

그래서 빅데이터 속에 개인의 활동 내용이 드러나지 않도록 관리해 주는 새로운 직업이 등장할 수도 있어. 최근에 개인이 쓴 디지털 기록들을 없애 주는 '디지털 장의사'라는 직업이 생겨난 것처럼 말이야. 디지털 장의사는 세상을 떠난 사람들이 살아 있을 때 인터넷에 남긴 흔적인 '디지털 유산'을 지워 주는 직업이야. 아직 우리나라에서는 보편화되진 않았어.

 미래 예측 3 **가상 세계에도 도둑이 있을 거야.**
그러니까 보안 전문가도 필요할 거야!

요즘 걸핏하면 개인 정보가 유출되어 여러 사람이 피해를 보았다는 뉴스가 보도되지. 사물 인터넷을 비롯해 인공 지능, 디지털 기술 등이 보편화되면서 보안이 중요한 문제로 떠오르고 있어. 모든 것이 컴퓨터, 인터넷과 연결된다는 것은 우리 생활의 많은 부분이 가상 세계에 저장된다는 의미이거든.

사물 인터넷과 위치 추적 등으로 현실에서 물건을 훔치는 사람은 줄어들겠지만 가상 세계에서 무엇인가를 훔쳐 가려는 사람들은 늘어날 수밖에 없을 거야. 그러면 보석 가게나 백화점, 회사에서 물건을 안전하게 지키기 위해 사설 보안 업체에 맡기는 것처럼

많은 사람들이 자신의 가상 세계를 안전히 지키기 위해 사이버 보안 장치나 업체를 찾을 거야.

생각해 보렴. 지금은 디지털 보안 기술이 바이러스로부터 컴퓨터나 휴대 전화를 지키는 것을 뜻하지만, 미래에는 경찰처럼 가상 세계를 지키는 방패가 될 거야. 바이러스 백신과 같은 보안 프로그램은 물론 다른 사람이 절대 대신 사용할 수 없도록 기상천외한 보안 기술이 등장할 수도 있겠지.

보안과 관련된 직업에는 어떤 게 있을까? 보안 프로그램 개발자, 생체 인식 기술 개발자, 생체 데이터베이스 구축자 등 다양한 직업이 새로 만들어지겠지? 이런 보안 기술과 별개로 가상 세계를 안전하게 지킬 새로운 방법이 등장할 수도 있어. 개인의 디지털 정보들을 은행처럼 안전하게 보관하고 관리해 주는 업체가 등장할 수도 있지.

미래 예측 4 세상을 바꿀 신기술이 등장하면
당연히 전문 기술자의 가치가 올라가겠지!

    4차 산업 혁명은 다른 어떤 산업 혁명보다 신기술의 역할이 크다고 할 수 있어. 2030년 미래에는 이 신기술을 더욱 발전시키고 연구할 새로운 전문가들이 많이 필요할 거야.

    인공 지능 기술자를 비롯해 현실 공간에 3차원 가상 이미지를 겹쳐 보여 주는 증강 현실이나 3D 기술을 통해 사용자가 실제 보고 만지는 느낌을 생생하게 살려 주는 가상 현실 전문가, 인공 지능 기술과 유전 공학을 접목시키는 융합 전문가 등 새로운 분야를 연구하는 많은 기술자가 등장하겠지.

    드론이나 자율 주행차처럼 사람이 직접 움직이지 않아도 스스로 움직이는 운송 수단들이 계속 생겨날 거야. 이런 운송 수단이 보편화되면 비행기나 버스, 자동차를 움직이던 운전사나 조종사라는 직업은 사라질지도 몰라. 아예 사라지지 않더라도 그 수가 크게 줄어들겠지.

    그럼 대신 어떤 직업이 늘어날까?

    무인 운송 수단을 관리하거나 정비할 사람이 필요해지겠지!

    물론 지금 자동차 정비사들이 무인 자동차를 정비하고 관리할 수도 있지만 정보 통신 기술과 정비 기술을 함께 알고 있는 사람이 더욱 많이 필요하게 될 거야.

미래 예측 5 고령 사회를 지탱해 줄
건강 관련 전문가도 반드시 필요한 직업이겠지!

의료 기술과 환경 개선으로 사람의 수명은 점점 길어지고 있어. 2030년이 되면 세계 인구 중 65세 이상의 할머니 할아버지가 10억 명 이상이 될 거야. 얼마나 되는지 짐작이 잘 되지 않는다고? 그때가 되면 아마 서울 인구의 삼 분의 일이 할머니 할아버지라는 이야기야.

멀리 볼 것도 없어. 가까운 나라 일본은 이미 여덟 명 중 한 명이 75세에 해당하는 초고령화 사회야. 일본에서는 편의점, 패스트푸드점, 카페 등에서 할머니 할아버지가 일하는 모습을 흔히 볼 수 있지. 할머니 할아버지를 위한 카페, 병원, 버스, 자동차는 물론이고 각종 서비스들이 생겨나고 있어.

앞으로 사람의 수명이 길어지면서 건강을 관리해 주고 병을 치료해 줄 의료진이 더욱 많이 필요할 거야. 미래에는 의사뿐 아니라 건강을 관리해 줄 다양한 직업이 등장한다고 해. 디지털 기계와 사물 인터넷 기술을 이용한 스마트 헬스 시스템 개발자와 디자이너, 유전자를 이용해 병을 고치는 응용 유전 공학자 등.

무엇보다 노인 인구의 증가로 심장이나 신장, 간 등에 큰 병이 생겼을 때 대체할 수 있는 인공 장기가 필요하게 될 거야. 인공 장기 연구가를 비롯해 인공 장기를 만들 때 사용할 새로운 소재를

개발할 기술자와 로봇 수술 외과의 등 새로운 직업이 등장하지 않을까?

미래 예측 6 빠르게 변화하는 사회에서는 새로운 교육이 필요해. 따라서 교육과 직업을 관리해 줄 전문가가 필요할 거야.

20년 전만 해도 우리나라 사람들은 직장을 구하면 그곳에서 평생 일할 거라고 생각했어. 하지만 너희들이 성인이 될 2030년

쯤에는 사람들이 적어도 서너 번 이상 직업을 바꾸게 될 거야. 집은 물론 도시의 모든 곳이 컴퓨터와 인터넷으로 연결되면서 같은 공간에 모여 있지 않아도 빠르게 의사소통하고 함께 일할 수 있을 거야.

사람들은 더 이상 사무실에 모여서 일하지 않아도 돼. 집이든 카페든 도서관이든 일이 가장 잘 되는 곳을 골라 일하게 될 테지.

직장 중심이 아니라 프로젝트 중심으로 움직이는 업무가 많아지면서 직업이나 교육도 관리를 받아야 할 시대로 바뀔 거야. 이때 사람들을 관리해 주는 것이 '직업 매니저'야.

미래 사회에 등장할 직업 매니저는 여기저기 흩어져 있는 사람들의 능력을 파악해서 프로젝트에 필요한 사람을 알려 주고 관리해 주는 일을 하게 될 거야.

지금은 그저 직업을 소개해 주는 수준이지만, 미래에는 업무마다 필요한 사람을 찾아내 보내 줄 뿐 아니라 일이 끝난 이후에도 사람들의 경력을 관리해 줄 거야. 직업 매니저와 연관해서 교육 매니저라든지, 관리 매니저라든지, 업무 능력 향상 유지 매니저처럼 새로운 직업이 생겨날 거야.

세상이 빠르게 변하면서 달라지는 것 중 하나로 교육을 들 수 있겠지. 지금까지 사람들은 고등학교나 대학만 졸업하면 인생에 필요한 공부를 끝냈다고 생각했어. 하지만 앞으로는 평생 공부의 중요성이 커지게 될 거야. 더 이상 대학에서 전공한 내용을 가지고 평생 직업을 유지하는 것이 불가능해지기 때문이지.

학교 중심의 교육에서 업무 내용 중심의 교육으로 바뀌게 되면 다양한 평생 교육 방법이 생겨날 거야. 외국의 경우, 이미 특정 사이버 강좌를 들어야 입사할 수 있을 정도로 신기술 교육에 사이버 강좌가 많이 활용되고 있어. 미래 사회에는 대학을 대신할 수 있는 시스템과 교육 콘텐츠가 더욱 많이 개발될 거야.

집에서 공부할 수 있는 홈스쿨링 제도나 해외 유명 대학의 온라인 강의를 들어도 학위를 받을 수 있는 제도 등 다양하고 편리한 교육 방법이 생겨날 거래.

사람들은 이제 비슷한 직업을 이어 가는 것이 아니라 세상의 변화에 맞춰 새로운 직업을 찾아야 하는 세상에 살게 된 거지. 그러니 나이가 들어도 사회 활동을 하는 동안 계속 공부를 해야만 해. 지금은 학원의 대부분이 청소년을 위한 교과 공부를 가르치는 곳이야. 하지만 2030년이 되면 40~50대의 중장년층이 공부할 수 있는 다양한 교육 기관과 과정이 만들어질 거야.

예를 들면 스마트폰 애플리케이션을 만드는 과정이라든지, 새로운 컴퓨터 프로그램을 배우는 교육 같은 것 말이야. 대학에서는 배우지 않았지만 사회인이 되어서 업무를 수행하려면 반드시 배워야 하는 교육도 엄청 많을 거야.

이럴 때 다양한 내용의 차별화된 교육 콘텐츠를 연구하고 새롭게 개발할 '교육 개발자'도 아주 주목 받는 직업이 될 수 있겠지.

미래 예측 7 새로운 에너지를 연구할 신재생 에너지 연구가, 미생물 바이오 연구가도 뜨는 직업이 될 거야!

지금은 우리가 생활하는 데 필요한 에너지를 대부분 석유나 석탄 같은 화석 연료에서 얻고 있어. 하지만 앞으로 100여 년 후가 되면 우리가 캐낼 수 있는 석탄이나 석유가 거의 사라질 거라고 해. 화석 연료가 사라지기 전에 에너지를 얻을 수 있는 다른 방법을 찾아야 하지.

이미 세계 곳곳의 과학자들이 핵분열을 이용한 원자력 에너지를 비롯해 태양, 바람, 땅의 열 등을 이용한 신재생 에너지를 연구하고 있어. 그러나 아직 개발 단계에 불과해. 2030년이 되면 화석 연료를 대체할 더 많은 에너지 연구가 필요하게 될 거야.

사람들이 너무 많은 화석 연료를 사용하는 바람에 지구가 계속 뜨거워지고 있어. 지구 온난화를 가져오는 이산화탄소 같은 온실가스를 줄이기 위해서라도 새로운 에너지원이 빨리 개발되어야만 해. 그래야 사람들이 마음 놓고 아름다운 자연을 누리며 지구에서 살아갈 수 있겠지.

앞으로는 태양, 바람, 바닷물, 땅의 열, 옥수수를 활용한 바이오 에너지 같은 친환경 에너지를 개발하는 연구가와 에너지를 생산해 내는 사람들이 늘어날 거야. 또 얼마 남지 않은 땅속 천연자원들을 어떻게 하면 효율적으로 이용할 수 있는지 관리하는 직업도 생겨날 거야. 새로운 에너지를 연구하고 만드는 사람은 미래 사회에서 절대 빼놓을 수 없을 정도로 중요한 역할을 하겠지.

미래 예측 8 미래 사회에는 부족한 식량과 물을 생산하는 일이 중요한 직업이 될 거야.

지금 지구에는 약 75억 명의 사람이 살고 있다고 해. 2030년이 되면 지구의 인구는 약 85억 명이 될 거라고 예상하고 2050년에는 약 100억 명이 살게 될 거라지. 사람이 늘어나면 늘어날수록 더 많은 물과 식량이 필요해질 거야. 그런데 사실 지금도 지구는 물 부족이 심각한 상황이야.

우리나라처럼 물을 깨끗하게 만드는 기술이 발달한 나라에서는 물 부족 현상을 겪지 않고 있지만, 아프리카 여러 나라에서는 마실 물도 부족해서 사람들이 죽어 가고 있어. 언젠가 민이가 나한테 했던 말이 기억나는구나.

"아빠, 지구의 70% 이상이 물로 덮여 있잖아요. 그런데 왜 물 부족으로 사람들이 고통받나요?"

그때 아빠가 했던 대답을 기억하니? 그래, 바닷물은 사람이 마실 수 없는 물이라 전혀 도움이 되지 않는다고 했지.

미래에는 사람이 마시고 사용할 더 많은 양의 물이 필요할 거야. 지구 온난화가 심해지면 심해질수록 세계 여러 곳은 사막화가 진행될 테고 사람이 마실 수 있는 물은 점점 줄어들겠지.

따라서 미래에는 마실 수 없는 물을 마실 수 있는 상태로 바꾸거나, 공중에 떠다니는 수증기를 마실 물로 바꾸어 주는 물 생산 기술이 필요할 거야. 현재 바닷물을 마실 수 있는 물로 바꾸는 기술이 개발되어 있지만 비용이 너무 많이 들어서 실용화가 힘든 상황이야. 그러니 아마 물을 연구하는 직업은 가장 인기 있는 직업 중 하나가 될 거야.

만약 아빠한테 다시 직업을 선택하라면 아빠는 이런 기술을 개발하는 연구원이 되고 싶어. 기술을 개발하는 흥미로운 일인 데다 사람의 생명을 살리는 소중한 일이잖니.

미래 사회엔 물과 함께 먹을 것도 아주 큰 문제가 될 거야. 지금처럼 풍요로운 시대에 먹을 걸 왜 걱정하느냐고 물을 수도 있지. 그러나 지구는 점점 농사지을 땅이 줄어들고 있어. 지구 온난화로 인해 사막이 늘어나고, 산업화로 수많은 공장이 들어서면서 실제로 농사지을 땅이 크게 줄어든 거야.

사람의 수는 점점 늘어나는데 농사지을 땅은 크게 줄어들고 있으니 배를 곯는 사람들도 늘어나겠지. 지금 우린 풍족한 생활을 하고 있지만 아프리카 땅엔 굶어 죽어 가는 아이들이 늘어나고 있잖니. 앞으로 이런 현상은 더욱 심해질 거야. 그러니 충분한 영양분을 얻을 수 있는 슈퍼 푸드의 개발이 반드시 필요해. 유전 공학 기술을 이용한 슈퍼 푸드 연구가 미래에는 아주 중요한 연구 분야가 될 거야. 또 지구에 존재하는 많은 종류의 곤충을 이용해 요리를 만드는 산업도 발달하겠지.

민이라면 "징그러운 메뚜기를 먹느니 굶겠어요!"라고 말하겠지. 하지만 곤충을 다루는 산업은 21세기 신산업으로 떠오르고 있어. 곤충은 고단백, 저칼로리의 기능성 식품이야. 메뚜기 100g에는 단백질 70g이 포함되어 있는데 이것은 소고기 100g에 들어 있는 단백질 양의 세 배나 되는 것이지. 식용 곤충은 맛도 새우랑 비슷해서 이미 환자식 대용으로 개발되고 있어.

곤충을 먹는 게 징그럽게 느껴지고 거부감이 들 수도 있을 거야. 그래서 먹기 좋은 음료수나 과자로 개발하는 연구가 지속적으로 이뤄지고 있어. 식용 곤충 요리 경연 대회도 전 세계적으로 열리고 있지. 장수풍뎅이, 귀뚜라미, 메뚜기 등을 가공한 식품으로 만드는 기술도 발전 중에 있고. 아마 미래에는 '곤충 전문 요리사'라는 직업도 뜨게 될 것 같구나.

 ## 기술을 알면 미래 직업 경향이 보여요!

세계 미래학자들이 미래 보고서를 발표하는 것처럼 우리나라에서도 10년 후 미래를 준비하기 위한 여러 가지 보고서를 발표한단다. 그중에는 미래 일자리에 대한 보고서도 포함되어 있지.

인공 지능학자나 미래학자, 경제학자들이 예측한 미래 직업 경향을 살펴보면 미래의 직업이 어떻게 변할지 예측할 수 있어. 우선 미래에는 어떤 기술을 필요로 할지 우리나라 정부에서 발표한 내용을 살펴보자. 기술을 알면 미래 경향이 보이거든!

> **대한민국 정부에서 발표한 10년 후 미래의 핵심 기술**
> 사물 인터넷, 빅데이터, 인공 지능, 가상 현실, 웨어러블 디바이스, 줄기세포, 유전 공학/분자 생물학, 분자 영상, 나노 소재, 3D 프린터, 신재생 에너지, 온실가스 저감 기술, 에너지·자원 재활용 기술, 우주 개발, 원자력 기술 등

미래 직업의 경향 1 현재 있는 직업에 새로운 가치를 더하게 될 거야!

2030년 미래에는 많은 작업이 로봇이나 기계를 이용해 자동으로 처리될 거야. 하지만 모든 작업을 로봇이 혼자 힘으로 처리하기는 힘들겠지.

누군가는 명령을 내려야 하고 로봇이 실행한 것을 정리해야 할 거야. 그러면 사람들은 작업 과정을 다시 정리해서 로봇이 처리하지 못하는 분야에 더 집중하겠지.

예를 들어서 택배를 살펴볼까? 미래엔 택배 배달부가 사라지게 될 거야. 드론이 배달을 대신할 테니까. 드론에는 카메라, 센서, 통신 기능이 실려 있어서 원하는 곳으로 물건을 정확하게 배달시킬 수 있어. 지금도 피자나 간단한 물건을 드론으로 배달시키는 데 성공한 나라들도 있어. 하지만 드론도 기계니까 작동시킬 사람이 필요하겠지? '드론 조종사' 같은 직업 말이야.

이렇게 지금 있는 직업은 로봇의 몫이 되고, 시대에 맞게 새로운 모습으로 탈바꿈하는 거야.

▶ **미래 직업의 경향 2** 더 세밀하게, 전문적으로 변할 거야!

사회가 발전하면서 사람들의 요구는 다양해지고 세분화되기 마련이지. 이에 따라 2030년 미래에는 사람들의 욕구를 충족시켜 줄 더 세분화되고 전문화된 직업군이 나타날 거야.

예를 들어서 지금은 간호사라는 직업이 크게 세분화되어 있지 않지만 미래에는 노인 간호사, 애견 간호사, 수술 간호사 등 자신만의 전문성을 가진 간호사들이 세분화되어 등장할 거야.

▶ **미래 직업의 경향 3** 여러 분야를 합친 직업이 등장하겠지!

사람들이 프로젝트 단위로 일하면서 다양한 직업군의 사람들이 공동 작업을 하게 될 거야. 예를 들면 로봇 개발자들이 더욱 아름다운 로봇을 만들기 위해 예술가와 힘을 합칠 수 있겠지. 또 농산물을 직접 키운 농부와 요리사가 힘을 합쳐 신선하고 맛있는 요리를 만들 수도 있지. 이런 식으로 여러 분야가 합쳐지면 지금껏 보지 못한 새로운 직업이 등장할 수 있어.

미래 직업의 경향 4 과학 기술을 바탕으로 새로운 직업이 생겨나게 될 거야!

인공 지능, 드론, 자율 주행, 유전자 공학 등 다양한 신기술 분야의 직업들이 계속 생겨날 거야. 4차 산업 혁명의 핵심인 융합형 과학 기술은 지금까지 없었던 새로운 과학 분야의 직업을 만들어 낼 거야. 의학과 기계 공학, 컴퓨터 기술이 결합되어 다양한 의학 장치를 개발하는 것을 예로 들 수 있어. 로봇 신체 기술자라든가 인공 장기 개발자라는 새로운 직업이 생길 수 있거든.

 아빠의 깜짝 질문

머지않아 단순하고 반복적인 일은 앞으로 모두 로봇이 하게 될 거야. 그렇다면 정보 통신 기술도 배우지 못하고, 특별한 자신만의 능력을 갖고 있지 못한 사람들은 어떻게 될까? 그런 사람들은 미래에 직업을 구할 수 없을까?

미래학자들이 예측하는 미래의 유망 직업

　사람들이 생각했던 것보다 세상은 훨씬 빠른 속도로 변하고 있어. 너무 빠르게 세상이 바뀌자 사람들은 앞으로 무슨 일이 벌어질지 예측하고 대비해야만 했지. 그래서 수천 명의 세계 미래학자들은 빠르게 변하는 세상을 미리 예측하고, 위험에 대비하기 위해 힘을 모았어. 이렇게 만들어진 미래 연구팀이 바로 '밀레니엄 프로젝트'야.

　밀레니엄 프로젝트는 국제적인 미래 연구팀이라 할 수 있어. 1996년 유엔 산하 기관으로 만들어졌다가 2009년에는 국제비영리 기구로 독립했지. 밀레니엄 프로젝트에서는 몇 년에 한 번씩 20~30년 후의 세상을 예측하여 유엔 미래 보고서를 발표하고 있어. 이 보고서는 유엔과 많은 나라에서 미래를 준비하는 참고 자료로 사용하고 있지.

보고서 중에는 미래에 어떤 직업들이 새로 생겨날지 예측한 자료도 있어. 이 자료 속에는 지금은 생소하고 어색해 보이는 새로운 직업들이 많이 포함되어 있단다.

미래학자들이 예측한 2030년 유망 직업에는 어떤 것이 있는지 한번 살펴볼래?

경제 경영 분야

▶ 브레인 퀀트

브레인 퀀트라는 말은 처음 들어 봤을 거야. 무척 생소하지? 브레인 퀀트는 시장 예측 프로그램을 바탕으로 투자 결정을 하는 경제 전문가를 말해. 프로그램의 모델 설계를 담당하거나 시장을 분석, 예측해 기업이나 개인에게 투자 자문을 하는 사람이지. 브레인 퀀트가 다른 투자 전문가와 다른 점은 분석한 내용을 명확하게 숫자로 표시한다는 거야. 자신이 개발한 프로그램을 기초로 해서 기업의 가치나 자산, 통계 등 분석한 내용을 숫자로 표시하기 때문에 훨씬 분명하고 뚜렷하게 투자 조언을 할 수 있겠지.

▶ 최고 경험 관리자

서비스나 상품을 통해 고객들이 질 높은 경험을 할 수 있도록 회사의 전략을 수립하고 관리하는 책임자를 최고 경험 관리자라고 해. 미래에는 회사들이 서비스나 상품을 팔 때, 그 상품이 팔리는 순간부터 없어질 때까지 전 과정을 살펴보게 될 거야. 소비자들이 상품을 사서 사용하고 없애는 과정에서 소비자의 경험이 중요해지는 거지. 최고 경험 관리자들은 소비자들의 이런 경험을 분석해서 상품 개발이나 회사 경영의 기본 방향을 수립하게 돼.

▶ 세계 자원 관리자

기업이나 정부에서 세계를 무대로 원자재와 정보, 인적 자원을 찾아서 어떻게 이용할 것인지 기획, 공급, 관리하는 사람을 세계 자원 관리자라고 하지. 미래 사회에는 자원이 곧 경쟁력이 될 거야. 이 자원에는 유한한 석유라든지 에너지 같은 자원도 포함되고, 능력을 가진 사람 즉 인적 자원도 포함돼.

▶ 대안 화폐 전문가

현재 사용되고 있는 화폐들 외에 이를 대체할 수 있는 자원이나 상품, 금융 상품을 거래하거나 자문해 주는 사람을 대안 화폐 전문가라고 하지.

▶ 오피스 프로듀서

더 이상 사람들은 회사에서 일하지 않고 개인 작업 공간에서 업무를 처리하게 될 거라고 했지? 이러한 업무를 도와주는 사람이 바로 오피스 프로듀서야. 개인이나 기업이 정해진 기간 동안 편하게 업무를 볼 수 있도록 사무실 공간은 물론 필요한 장비, 음료나 청소 등 다양한 업무 지원까지 공급하고 관리해 주는 사람을 말해.

▶ 인재 관리자

기업이나 프로젝트에 필요한 인력을 찾아내 공급해 주는 사람이 인재 관리자야. 미래 사회는 다양하고 새로운 일이 많이 생기므로 기업은 새로운 일에 알맞은 인재를 찾는 것이 중요해지지. 그때 업무 별로 다양한 사람들의 정보를 확보하고 있다가 기업에서 의뢰가 들어오면 필요한 사람을 연결해 주는 사람을 말해. 헤드헌터라고도 하지.

▶ 매너 컨설턴트

4차 산업의 발달은 서비스 산업의 발달로 이어질 거야. 고객들은 더욱 질 높은 서비스를 요구하게 될 테지. 이때 고객 서비스를 담당할 직원이나 임원에게 적절한 방법과 고객 응대 매너를 알려 주고, 어떻게 하면 좋을지 컨설팅해 주는 사람이 바로 매너 컨설턴트야.

▶ 개인 브랜드 매니저

개인의 경력 관리는 물론 스타일링, 홍보, 마케팅을 전담해 주는 사람을 브랜드 매니저라고 해. 개인의 잠재된 능력을 찾아 주어 개인 브랜드 가치를 발굴해 내는 중요한 역할을 하는 사람이야.

▶ 글로벌 지역 분석 전문가

지금은 글로벌 시대라고 하지. 교통과 통신의 발달로 세계를 하나의 시장으로 보고 지역별로 미래 가능성을 분석해 투자하지. 예를 들면 앞으로 인도가 세계적인 시장으로 부상될 전망이라고 해. 이에 따라 인도 시장을 조사, 분석하거나 인도에 진출할 기업에 정보를 제공하고, 적절한 인도 기업과 연결시키는 업무를 담당할 전문가가 새로 등장하게 될 거야. 앞으로 인도어를 배우는 사람도 늘어나겠지.

의료 복지 분야

▶ 복제 전문가

유전 정보가 같은 생명체를 복제하는 전문가로, 복제 전문가는 의학이나 생명 공학, 유전 공학 등을 전문적으로 다루게 될 거야.

▶ 기억 수술 전문 외과의

미래 사회에는 사람의 기억 중 일부를 지우거나, 폭력성 등 나쁜 행동 특성을 없애는 수술을 전담하는 의사가 생기게 될 거라고 해. 뇌 과학과 의료 기술의 발달로 가능해진 일이지.

▶ 생체 로봇 외과의

생체 로봇을 이용해 수술을 하거나, 몸의 일부를 생체 로봇으로 바꾸는 수술을 전담하는 의사를 말해. 아이언맨이 되고 싶다면 생체 로봇 외과의를 찾아가야겠지?

▶ 장기 취급 전문가

미래 사회는 고령 인구의 증가로 장기 이식이 필요한 사람이 늘어나게 될 거야. 따라서 장기를 기증하려는 사람과 기증받을 사람을 연결해 주거나, 인공 장기에 대한 정보를 제공해 주는 전문가가 필요해질 거야. 지금은 장기 이식 센터에서 이 일을 주로 하고 있는데 이것이 세분화되어 전문 분야로 발달하겠지.

▶ 두뇌 시뮬레이션 전문가

사람의 뇌가 작동하는 과정을 연구하고 구현해 내는 것을 연구하는 전문가를 말해. 슈퍼컴퓨터를 활용해 두뇌 시뮬레이션을 완성한 후 인공 지능이나 반도체 설계 등에 응용하는 거지.

▶ 유전자 상담사

유전자 검사에 나타난 개인 유전자 정보를 해석해 주고, 질병 등을 예측해 예방과 관리가 가능하도록 상담해 주는 사람을 유전자 상담사라고 해. 유전병이 있다거나, 유전 질환이 있는데 자녀를 낳고 싶은 사람은 이런 상담사에게 정보 분석을 의뢰하겠지.

▶ 치매 치료사

미래 사회는 노인이 많아진다고 이야기했지? 그렇게 되면 치매 환자도 증가해서 전문적인 치매 전담 치료사가 등장할 예정이야. 치매 치료사는 치매 환자와 가족에게 적절한 치료 방법과 대응 방법 등을 알려 주고, 간호할 수 있도록 도와주는 역할을 하지.

▶ 임종 설계사

보험에만 설계사가 있는 게 아니야. 미래 사회에서는 죽음에도 설계사가 필요해질 거야. 죽음을 준비할 수 있도록 도와주는 사람을 임종 설계사라고 하는데, 앞으로 생명이 얼마 남지 않은 사람에게 인생을 돌아보고 남은 재산이나 주변 관계를 정리할 수 있도록 도움을 주는 거지.

환경, 에너지 분야

▶ 탄소 배출 점검 기록 전문가

지구 대기를 오염시켜 지구 온난화를 일으키는 온실가스는 세계적으로 줄여 나가야 해. 따라서 어느 나라, 어느 기업이 얼마만큼의 온실가스를 배출했는지 측정하고 정확하게 관리하는 전문가도 필요해.

▶ 탄소 배출권 거래 중개인

교토 의정서에 따라 나라별로, 기업별로 얼마만큼 탄소를 배출할 수 있는지 상한선이 정해졌어. 정해진 양보다 탄소를 적게 배출하게 되면, 남은 양만큼 돈을 받고 다른 나라에 팔 수 있지. 이를 탄소 배출권이라고 해. 앞으로는 기업과 나라 사이에서 탄소 배출권을 사고팔 수 있도록 도와주는 사람도 등장하게 될 거야. 집을 사고팔 때 부동산 중개인의 도움을 받듯 탄소 배출권을 사고팔 때 도움을 받는 거지.

▶ 우주 관리인

인공위성, 로켓, 우주 장비 등 지구 밖 우주에 남겨진 잔해물들을 처리하는 전문가를 말해.

▶ 에너지 수확 전문가

운동, 마찰, 빛 등 다양한 방법으로 전기 에너지를 만들어 내는 전문가를 말해. 버려지고 있는 에너지를 어떻게 모을 것인지 방법을 생각하고 장치를 만들어 내는 일을 담당해.

▶ 제4세대 핵 발전 전문가

지금보다 더 안전하고 경제성이 높은 원자력 에너지를 새롭게 개발하고 연구하는 전문가를 말하지.

▶ 날씨 조절 관리자

날씨를 조절한다니, 이게 무슨 소린가 싶겠지. 요즘은 기술의 발달로 날씨를 조절하는 것이 가능해졌어. 중국에서 올림픽을 할 때 혼탁한 베이징 공기를 맑게 하려고 인공적으로 비를 내리게 했던 거 기억하니? 정해진 날짜에 비가 내리지 않도록 하거나, 비가 오지 않는 특정 지역에 비나 눈이 내리도록 할 수 있는 사람을 날씨 조절 관리자라고 해.

▶ 종 복원 전문가

멸종되었거나 멸종 위기에 놓인 생명체를 다시 살려 내거나 사라지지 않도록 보존하는 전문가를 말해. 어쩌면 종 복원 전문가라는 직업이 발달하면서 사라진 공룡까지 복원해 낼지도 몰라.

▶ 환경병 컨설턴트

환경 오염으로 발생하는 환경병의 원인을 밝혀 내고 환경 오염 예방을 위해 활동하는 전문가를 말해.

▶ 미세 조류 전문가

물속에 살면서 식물처럼 광합성을 하는 조류를 이용한 바이오 연료를 개발, 연구하는 전문가를 말하지. 미래의 신재생 에너지 연구가 중 하나야.

▶ 수소 연료 전지 전문가

수소를 이용해 전기를 만들어 낼 방법을 연구하는 전문가도 새로운 직업이 될 거야. 수소를 이용한 연료 전지는 대기 오염이 없는 친환경 에너지란다.

IT, 로봇 분야

▶ 홀로그래피 전문가

빛을 이용해 영상을 표현하는 홀로그래피 연구가로, 주로 영상 출력 장치나 소프트웨어, 콘텐츠 등을 연구하는 일을 하지.

▶ 증강 현실 전문가

안경이나 휴대 전화 화면 등을 통해 현실 세계에 대한 정보를 덧대어 볼 수 있게 해 주는 증강 현실 기술을 연구하는 전문가야. 다시 말해 증강 현실 장치나 콘텐츠, 시스템 등을 개발하고 연구하는 사람이지.

▶ 인공 지능 전문가

학습 능력과 이해력 등 인간의 두뇌와 비슷한 기능을 갖춘 장치를 연구하는 전문가로, 알파고 등의 인공 지능 시스템이나 지능적인 작업을 수행하는 로봇을 연구해. 로봇의 원리와 기계 장치는 물론 사람의 뇌 기능과 원리에 대해서도 잘 알아야 하지.

▶ 양자 컴퓨터 전문가

지금 사용하고 있는 컴퓨터보다 훨씬 빠른 컴퓨터를 만들기 위해 연구하는 전문가야. 현재의 0과 1을 활용한 이진수 기반이 아닌 원자 이하 차원에서 입자의 움직임을 바탕으로 계산을 처리할 새로운 컴퓨터를 연구해.

▶ 정보 보호 전문가

기업이나 국가의 사이버 안보를 책임지는 전문가야. 요즘은 해커들의 사이버 공격이 급증하고 있어서 정보 보호 전문가의 역할이 더욱 커지고 있는 추세이지.

▶ 자율 주행 자동차 기술자

사람이 운전하지 않아도 자동차 스스로 운전할 수 있는 자율 주행 자동차를 설계하고 개발하는 기술자도 유망한 직업 중 하나야. 미래 자동차 회사에서 주요 역할을 하는 전문가가 될 거야.

▶ 로봇 기술자

일상생활 또는 특정한 분야에서 필요한 로봇을 연구하고 개발하거나 고장난 로봇을 수리하는 사람을 말해. 다가오는 미래 사회에서 가장 각광받는 직업이 될 거야. 로봇 원리와 기계 공학을 알아야 하지.

▶ **군사 로봇 전문가**

사람을 대신해 전쟁을 하게 될 군사용 로봇을 기획하고 설계, 개발, 프로그래밍하는 전문가를 말해. 미래 사회에서는 전쟁도 로봇이 대신하게 될 거야. 그러니 로봇에게 지시를 내릴 전문가도 필요하겠지.

문화 예술 분야

▶ **특수 효과 전문가**

컴퓨터 그래픽을 이용해 영화나 드라마 등에 사용될 다양한 장면이나 이미지를 만드는 전문가를 말해.

▶ **내로캐스터**

정해진 사람과 지역에만 제공되는 전문적인 방송 프로그램을 만들고 전달하는 사람이야. 주로 시청자 주문에 의해 제작되며, 누구나 어떤 지역에서나 볼 수 있는 방송인 브로드캐스팅의 반대말로 사용되고 있지.

▶ **나노 섬유 의류 전문가**

나노 미터 단위의 초극세사 섬유를 이용해 옷을 만드는 사람으로, 주로 특별한 목적의 옷이나 신발을 만들 때 사용돼. 잠수복이나 우주복 등 특별한 옷을 만들지.

▶ 캐릭터 MD

캐릭터의 특징이나 성격 등을 설계하거나 디자인하며, 상품 시장이나 미디어 등 캐릭터를 활용할 방법을 연구하는 직업이야.

▶ 미래 예술가

사이버 커뮤니티를 통해 예술가들을 연결해 집단 예술을 완성하거나, 기존 예술 장르와 신기술을 결합한 새로운 형태의 예술 활동을 펼치는 예술가를 말해.

▶ 디지털 고고학자

위성 장치 및 디지털 장치 등을 이용하여 고대 유적지 등을 탐사하고 연구하는 학자들을 말해.

생활과 여가 분야

▶ 아바타 관계 관리

사이버 세상에서 나를 대신해서 활동하는 아바타를 잘 관리할 수 있도록 도와주는 전문가야. 다른 아바타와 관계를 어떻게 설정할 것인지, 아바타로 무엇을 할 것인지 등 건전한 아바타 문화를 즐길 수 있도록 도와주지. 그러니까 사이버 인맥을 관리해 주고, 사이버 세상에서 보다 돋보이는 활동을 할 수 있도록 돕는 사람인 거야.

▶ 미래 가이드

자신의 전문 분야가 아닌 여러 방면에서 사회에 뒤처지지 않고 잘 적응할 수 있도록 기술을 소개해 주고 체험해 볼 수 있도록 도와주는 사람이야. 기업이나 대학에서는 좀 더 전문적인 지식을 갖고 미래 예측 전문가로 활동하지.

▶ 세계 윤리 관리자

미래에는 교통과 인터넷 발달로 세계가 하나처럼 움직이게 될 거야. 따라서 국가, 인종, 종교 등을 넘어 세계인이 공통으로 지켜야 할 윤리를 전파하고 관리하는 사람도 필요해.

▶ 건강 관리 전문가

개인의 건강 상태를 체크하고 이상이 생길 때 적절한 의료 기관을 찾는 등 개인의 의료 행위를 관리해 주는 사람을 말해. 노령화 사회가 진행될수록 이런 직업이 각광받겠지.

▶ 배양육 전문가

동물의 세포를 배양해 만드는 고기를 배양육이라고 해. 미래에는 인구가 늘어나 식량이 부족할 수 있어. 따라서 늘어나는 인구에 맞게 적정한 육류를 공급하기 위해 배양육을 연구하고 그 기술을 보급하는 일을 하는 전문가도 필요할 거야.

▶ 단순화 컨설턴트

　복잡한 과정에서 핵심을 찾아 간결하게 기술과 규모를 줄여 주는 전문가를 단순화 컨설턴트라고 하지. 날로 기술이 발전해 복잡해지는 시대에 꼭 필요한 직업일 거야.

▶ 우주여행 가이드

　이제 곧 우주여행이 관광 상품으로 개발될 거야. 그러면 상업용 우주선을 조종하여 여행객들에게 우주 탐사를 안내해 주는 사람이 필요하겠지.

▶ 익스트림 스포츠 가이드

　스피드와 스릴을 만끽하며 모험을 즐기는 익스트림 스포츠를 배우려는 일반인들에게 운동 방법을 가르쳐 주거나 안전하게 즐길 수 있도록 도와주는 직업도 새로운 직업으로 뜰 거야.

― 출처: 유엔 미래 보고서 2025

 # 미래 인재가 되기 위해 필요한 능력은 무엇일까요?

욱: 미래에 대해 알수록 머리가 더 복잡해지는 것 같아요. 아예 몰랐으면 걱정하지 않을 텐데, 지금과 다른 미래 사회가 다가오고 엄청난 혁명이 일어난다고 하니까 불안해요.

민: 무얼 준비해야 하고 어떤 것을 공부해야 할지 막막해요.

예전에 너희가 유희왕 밀레니엄 카드를 사 달라고 졸랐던 기억이 나는구나. 아빠는 대수롭지 않게 "대체 그게 뭔데?"라고 물었지. 그랬더니 너희가 카드의 종류부터 사용법, 아이템까지 속속들이 자세하게 설명해 주었어.

너희는 누가 가르쳐 주지 않았는데도 유희왕 카드에 대해 척척 정보를 늘어놓았지. 아빠는 그게 너무 신기했어. 그래서 그런 걸 어떻게 다 아느냐고 물었지.

"쟤들은 틈만 나면 인터넷으로 유희왕 카드에 대한 정보를 찾아보잖아요. 아주 박사가 되겠다니까요."

그때 엄마가 이렇게 핀잔을 주었던 거 기억나니?

너희는 영어 단어를 잘 외우지 못하더라도 좋아하는 음악이나 취미에 대해서는 줄줄 외우고 있잖아. 아빠는 너희가 조금만 관심을 갖는다면 다가올 4차 산업 혁명도 유희왕 카드만큼 척척 알아낼 수 있을 거라고 생각해.

미래에 아직 아무도 가 보지 못한 새로운 세상이 펼쳐진다고 하니 불안하고 두렵겠지. 하지만 걱정하지 마. 관심을 가지면 안 보이던 것들이 보이기 마련이야.

4차 산업 혁명 시대에 무엇을 준비해야 하는지 알려면 무엇보다 4차 산업 혁명에 대해 관심을 갖고 있어야 해. 4차 산업 혁명은 디지털과 인공 지능, 네트워크 기술을 바탕으로 여러 분야가 서로 영향을 주며 새로운 세상을 만들어 나갈 거야.

세상은 정말 빠른 속도로 바뀌고 있어. 과학 분야는 물론 사회, 문화, 생활 모습까지 모두 바뀌게 될 거야. 그러니 나의 주변을 넘어 세상에 대해 관심을 갖고 살펴보지 않으면 21세기 세상은 이해하기 어려운 세상이 되고 말 거야. 너희는 세상이 변하고 있다는 것을 명확히 알고 준비할 필요가 있어.

4차 산업 혁명에 대해 잘 이해하고 있으면 미래 사회 변화에 좀 더 안정적으로 대처할 수 있겠지.

인공 지능, 네트워크 기술로 연결된 미래 사회

　아빠가 너희에게 부탁하고 싶은 것이 하나 있어. 바로 정해진 답을 구하지 말고, 어떤 상황에서든 문제를 해결할 수 있는 능력을 키우라는 거야.
　엄마는 너희들한테 이렇게 강조하곤 하지.
　"국어는 정보와 사람에 대한 이해력을 높이기 위해, 수학은 생각과 사고력을, 영어는 국제 사회에서 원활한 소통을 위해서 필요한 기술이라고 하잖니. 그러니까 국영수가 제일 중요해!"
　하지만 아빠는 너희한테 국영수보다 더 중요한 걸 준비하라고 말하고 싶어. 2030년 미래에도 주요 과목 공부만 잘하는 사람이 과연 좋은 인재일까?

　애들아, 세계 지도자들은 4차 산업 혁명이 진행되면서 미래의 주인공들이 준비해야 할 능력이 바뀌고 있다고 강조한단다. 세계 지도자들이 제시한 21세기 인재에게 필요한 능력은 우리가 앞으로 무엇을 준비해야 할지 결정하는 데 도움을 줄 수 있지.

21세기 인재에게 필요한 능력

기본적인 이해 능력 = 일상 업무에 필요한 핵심 능력

1. 읽기 쓰기 능력

2. 수리 감각

3. 과학적 이해력

4. 정보 통신에 대한 이해력

5. 경제 이해력

6. 문화와 시민 교양

개인의 역량 = 복잡한 도전에 필요한 능력

7. 분석적 사고력 / 문제 해결 능력

8. 창의력

9. 소통 능력

10. 협업 능력

인성 자질 = 변화된 환경 적응에 필요한 능력

11. 호기심

12. 진취성 또는 결단력

13. 고집 / GRIT(성장-Growth, 회복력-Resilience, 내적 동기-Intrinsic Motivation, 끈기-Tenacity의 머리말)

14. 융통성

15. 리더십

16. 사회 문화적 의식

- 출처: New Vision for Education: Unlocking the Potential of Technology, 2015 세계경제포럼

세계 지도자들이 미래 인재에게 필요하다고 보는 기술은 크게 세 분야로 나눌 수 있어.

첫째, 일상생활의 문제를 풀기 위해 필요한 기본 기술
둘째, 복잡한 도전에 맞설 때 필요한 개인의 기술
셋째, 변화된 환경에서 살아남기 위해 필요한 개인의 역량

물론 이런 것들을 잘 하려면 국영수 공부가 바탕이 되어야겠지. 그래야 더 자세한 기술을 공부할 수 있을 테니까 말이야. 하지만 국영수만 열심히 공부해서는 이런 기술을 두루 익힐 수 없어. 미래 사회에 필요한 기술들을 익히려면 비판적 사고를 가지고 문

제를 해결할 능력과 함께 창의력, 다른 사람과 함께 일하는 능력과 소통 능력 등이 필요해.

원칙에 따라 해결할 수 있는 단순한 문제는 이제 굳이 사람이 하지 않아도 로봇이 모두 해결할 거야. 사람들은 로봇이 해결하지 못할 복잡하고 예측 불가능한 문제를 해결해야 해. 그래서 미래의 인재들은 복잡한 문제에 부딪혔을 때 당황하거나 포기하지 않고, 문제점을 분석하여 해결할 능력을 갖고 있어야 하는 거야.

2015년에 필요한 기술 TOP 10		2020년에 필요한 기술 TOP 10
복잡한 문제 해결 능력	1	복잡한 문제 해결 능력
타인과의 조정 능력	2	비판적 사고
인력 관리	3	창의력
비판적 사고	4	인력 관리
협상 능력	5	타인과의 조정 능력
품질 관리	6	정서 지능
서비스 오리엔테이션(이용자 교육)	7	판단과 결정
판단과 결정	8	서비스 오리엔테이션(이용자 교육)
적극적 경청, 청취	9	협상 능력
창의력	10	인식의 유연성

이건 2015년과 2020년에 필요한 기술 열 가지를 비교해 놓은 거야. 어떤 생각이 드니? 문제 해결 능력은 지금이나 미래나 똑같

필요한 능력이야. 그러나 다른 사람의 의견을 듣는 능력이나 품질 관리를 하는 능력보다는 다른 사람과 정서적인 공감을 나눌 수 있는 능력이나 사고가 유연한 능력이 필요하다는 것을 알 수 있어. 이처럼 미래에 필요한 인재는 과거와는 다른 능력을 갖추어야 인정받을 수 있을 거야. 이런 능력은 로봇이나 인공 지능은 가질 수 없고 사람만이 가질 수 있는 능력이지.

4차 산업 혁명 시대는 기계와 인공 지능의 도움을 받아 지금까지 상상 속에 있었던 많은 것을 할 수 있게 될 거야. 그러니 생각이나 현실의 한계를 뛰어넘는 혁신과 변혁의 방법을 생각해 내야 해. 그래서 창의력이 중요한 능력이 되는 거지.

또 2020년에는 디지털 세상에서 기계나 컴퓨터와 소통하는 능력도 키워야만 해. 컴퓨터와 인터넷, 인공 지능 기술이 널리 보급된 사회에서는 많은 부분이 네트워크로 처리될 거야. 집 안의 가전제품을 비롯해, 스피커, 자동차, 엘리베이터 등 우리가 흔하게 사용하는 모든 물건 속에는 컴퓨터와 인터넷이 설치될 거야. 기계를 잘 다루고 활용할 수 있는 능력은 디지털 세상에서 꼭 필요한 능력이지. 스마트폰 애플리케이션이나 컴퓨터에 들어 있는 프로그램을 잘 활용하면 생활을 더욱 편리하게 만들 수 있어.

컴퓨터와 소통하는 또 다른 방법은 컴퓨터가 이해할 수 있는 말을 컴퓨터에게 들려주는 거야. 코딩이란 컴퓨터와 사람이 대화하는 방법 중 하나야. C언어나 자바 스크립트를 이용해 컴퓨터가 이해할 수 있는 말로 프로그램을 만드는 작업이지.

　현재 많은 선진국에서는 초등학교 저학년 때부터 코딩을 가르치고 있어. 우리나라도 학교에서 코딩 교육을 하고 있단다. 코딩 공부는 컴퓨터 언어를 배운 후, 이 언어를 이용해 자신만의 게임이나 프로그램 등을 만들 수 있기 때문에 창의성이나 비판적 사고를 기르는 데 큰 도움을 줄 수 있다고 해. 처음에 배울 때는 따분하고 지겹더라도 꾹 참고 배우면 미래 사회의 인재가 되는 데 꼭 필요한 능력을 갖추게 될 거야.

　미래에는 정보를 분석하고, 해독하고, 이용하는 능력이 더욱 필요할 거야. 디지털 세상이 되면서 세상엔 하루에 몇 억 개의 데이터가 만들어지고 있지. 빅데이터 시대에는 정보를 어떻게 이용

수많은 정보로 가득한 빅데이터 시대

하느냐가 아주 중요한 능력이 될 수 있어. 수십억 개의 정보를 분석하고, 나에게 필요한 정보가 무엇인지 골라내고, 필요한 정보만 이용할 수 있는 능력을 갖추어야 해.

빅데이터 시대에는 정보를 골라내는 안목과 분석할 수 있는 능력도 필요하지만 스스로 관심을 가지고 정보를 찾아가는 능력이 무엇보다 중요해. 정보가 넘쳐나는 시대지만, 나한테 꼭 필요한 정보를 알아서 가져다주지는 않으니까 말이야.

구슬이 서 말이라도 꿰어야 보물이라는 속담이 있잖아. 디지털 세상의 빅데이터가 바로 그 구슬이라 할 수 있어. 결국 새로운 기회를 찾고, 더 나은 기술을 습득하려면 나에게 맞는 정보를 골라 활용하는 방법을 먼저 익혀야만 하겠지?

이렇듯 미래에 필요한 기술들은 주로 능동적이고 자율적으로 어려운 상황을 풀어 갈 수 있는 것들이야. 다시 말해 10년, 20년 후의 미래 인재는 비판적인 사고와 창의력을 가지고 새로운 해결책을 찾아낼 수 있는 사람인 거야.

2030년은 앞으로 10년 정도 지나면 만나게 될 미래야. 하지만 그때가 되면 너희는 예측하기 어려운 새로운 사회를 이끌어 갈 거야. 우리가 지금까지 살펴본 2030년 미래 시대의 특징과 미래 직업을 바탕으로 나에게 맞는 길이 무엇인지 찾아야 해.

미래는 평생직장보다는 평생 직업을 갖는다는 생각으로 직업을 선택해야 해. 평생직장에 다닐 때에는 회사가 원하는 역할만 수행하면 되지만, 평생 직업일 때는 나만의 기술과 능력을 가지고 있어야만 해. 나만의 기술과 능력을 가지려면 끊임없이 공부하고 노력해야 하지.

또 미래에는 스스로 일을 만들어 내는 창업자들이 늘어난다고 해. 다른 사람의 명령이나 지시를 받지 않아서 편하겠다고 생각할 수도 있지. 시간과 장소에 구애받지 않고 자유롭게 일할 수 있을 테니까 말이야.

하지만 장점보단 단점이 더 많을 거야. 문제가 발생했을 때 혼자서 해결해야 하기 때문에 더 큰 책임감을 느끼게 될 테니까. 이럴 때 필요한 게 바로 문제를 해결할 능력이나 비판적 사고력과 창의력이야.

옛날에는 무조건 한 우물만 파라는 속담이 있을 정도로 한 가지에 힘을 쏟아 집중해야 성공할 수 있다고 생각했어. 하지만 모든 것이 연결되고 쉽게 융합될 수 있는 2030년에는 이 속담이 그다지 쓸모가 없단다. 다양한 분야에 관심을 갖고 이것을 잘 조화시켜 나가는 안목이 더 필요할 테니까.

이것저것 많은 것을 경험하고 역사, 문화, 사회, 예술 등 다양한 인문학적 소양을 갖추고 있어야겠지. 때로는 예술가의 눈으로 로봇을 바라보고, 문화 기획자로서 전시 프로그램을 기획할 줄 알아야 해. 또 때로는 기술자로서 로봇을 관찰하고 연구할 때 새로운 사회의 인재가 되는 거야.

도대체 그걸 어떻게 하냐고? 말로만 들어서는 모르겠다고? 얼마 전부터 중학교에서 자유 학기제를 시행하고 있잖니? 아빠는 너희가 자유 학기제를 적극적으로 활용해서 너희의 꿈과 연관된 다양한 체험을 해 보라고 권하고 싶어.

물론 초등학교에서도 가능해. 요즘에는 체험 활동이나 현장 학습이 많잖아. 학교에서 또는 부모님과 집에서 그런 활동을 통해 자신이 무엇에 관심 있는지 조사하고 참여해 봄으로써 미래에 내가 하고 싶은 일이나 꿈을 찾을 수 있을 거야.

다가올 미래에 대해 너무 두려워하지 마. 뜻이 있으면 길이 있다는 말이 있잖니. 틀림없이 새로운 길을 찾게 될 거야. 아빠는 그 길을 누구보다 적극적으로 응원할 거야!

> **아빠의 깜짝 질문**
>
> 미래에는 세계 유명 대학의 교수님이 강의하는 내용을 온라인으로 마음껏 볼 수 있게 된다고 해. 그럼 굳이 대학에 갈 필요가 없는 것 아닐까? 학교에 가지 않고도 집에서 대학 강의를 들을 수 있으니까 말이야.
> 전 세계 누구나 집에서 하버드 대학의 강의를 동시 통역기로 들을 수 있다면 어떻게 될까? 굳이 멀리까지 유학 갈 필요가 있을까?

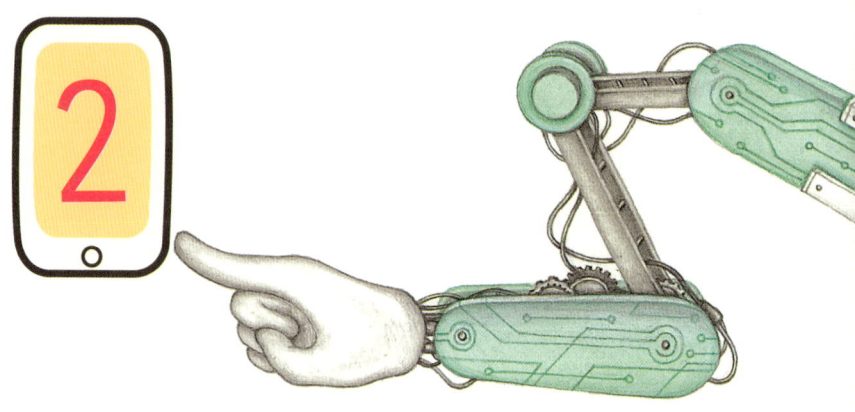

2

4차 산업 혁명을 이끄는 성공한 인물과 기업들

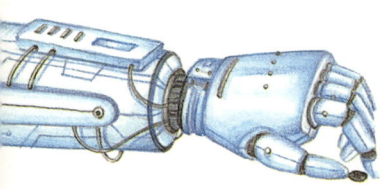

인공 지능과 컴퓨터, 로봇 등 다양한 첨단 기술들이 4차 산업 혁명을 이끌고 있다. 4차 산업 혁명의 중심에서 혁신적인 기술과 패러다임을 만들어 내고 있는 성공한 인물과 기업들을 만나 보자.

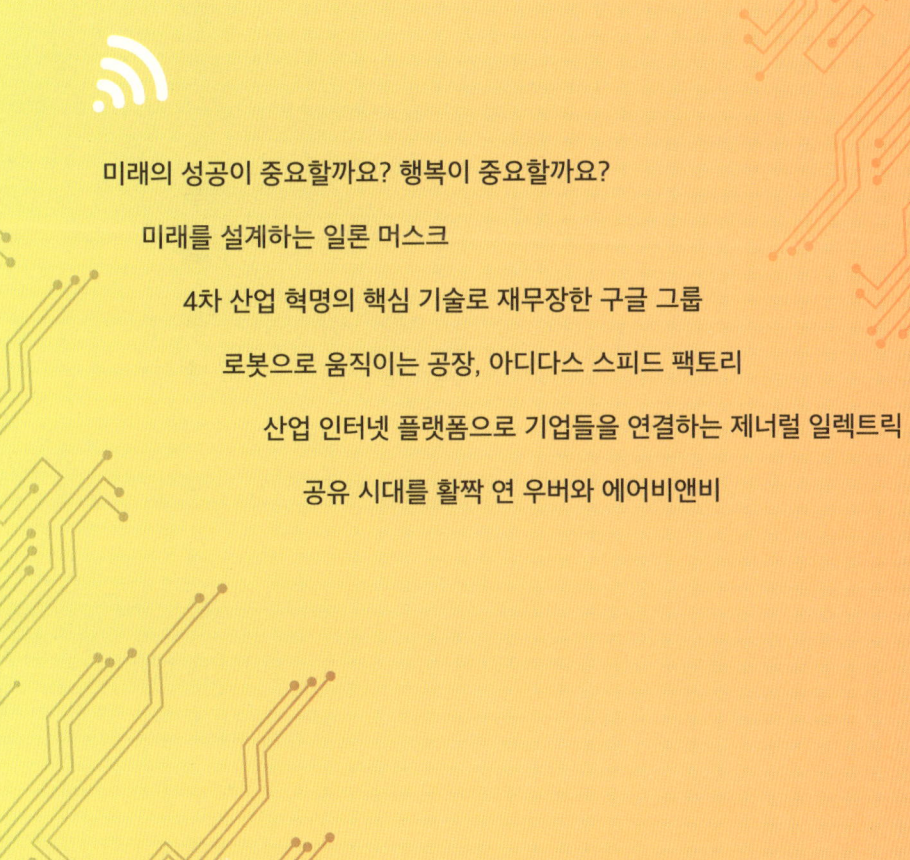

미래의 성공이 중요할까요? 행복이 중요할까요?

미래를 설계하는 일론 머스크

4차 산업 혁명의 핵심 기술로 재무장한 구글 그룹

로봇으로 움직이는 공장, 아디다스 스피드 팩토리

산업 인터넷 플랫폼으로 기업들을 연결하는 제너럴 일렉트릭

공유 시대를 활짝 연 우버와 에어비앤비

 ## 미래의 성공이 중요할까요? 행복이 중요할까요?

욱: 성공하는 게 꼭 중요한가요? 성공은 못 해도 행복하게 살면 되는 것 아닌가요?

민: 어이가 없네. 성공이 중요하지! 성공을 못 했는데 어떻게 행복해지니?

아빠는 어렸을 때 무협 영화를 많이 봤어. 주인공은 덕망 있는 무술가 집안에서 태어났는데 사악한 악당에게 당해서 부모가 모두 목숨을 잃고 말아. 주인공은 복수하고 싶지만 악당에 비해 무술 실력이 턱없이 부족하지.

주인공은 무림 고수가 되기 위해 실력 있는 스승을 찾아가. 그런데 스승은 가르쳐 달라는 무술은 가르쳐 주지 않고 산꼭대기까지 물 긷는 것만 3년, 땔감 나르는 것만 3년, 밥하고 빨래하는 것만 3년. 9년 동안 허드렛일만 시키는 거야. 무술을 배우러 온 제자들은 그걸 견디지 못해 도망치지만, 주인공은 부모의 복수를 하고 정의를 세우겠다는 결심 때문에 무조건 참고 견뎌내지. 결국 주인공은 손가락으로 무쇠 밥솥을 뚫고, 발가락으로 바위를 부수는 최고수가 돼. 그리고 멋지게 부모의 복수를 하고 정의를 실현하지.

너희한테 무술을 배워 아빠의 복수를 하라는 뜻이 아니야. 아빠는 학교 다닐 때 어른들에게 이런 이야기를 많이 들었어.

"행복해지려면 지금은 참고 견뎌야 한다. 성공하면 행복해질 수 있어. 힘들고 괴로웠던 건 봄눈 녹듯이 다 사라져 버린단다. 그때가 되면 세상이 황홀해 보일 거야. 그러니까 지금은 힘들더라도 미래를 위해 꾹 참고 공부 열심히 해서 1등 해야 해. 그래야 성공해서 행복해지니까."

참고 견뎌야 한다는 이 말, 꼭 방금 들려줬던 무림 고수가 되는 법 같지 않니?

그런데 아빠는 무조건 참고 견디라는 어른들의 말씀은 틀린 것 같구나. 아빠는 너희에게 정반대의 말을 하고 싶어. 성공이 중요한 게 아니라 행복이 중요한 거라고. 그러니까 성공하면 행복해지는 게 아니라 행복하면 성공한 거라고.

미래를 위한 준비를 왜 하냐고? 그건 성공을 위해서가 아니라 행복을 위해서야. 과연 성공이 뭘까? 부자가 되는 것? 하고 싶은 것을 다 하는 것? 유명해지는 것?

 그렇다면 행복은 뭘까? 부자가 되는 것 아니면 하고 싶은 것을 다 하는 것? 유명해지는 것?

 이렇게 생각해 보면 성공과 행복은 같은 것 같지 않니? 그런데 사람들은 참 이상하지. 왜 사람들은 성공과 행복이 다르다고 말하는 걸까? 게다가 왜 미래의 성공을 위해 지금의 행복은 접어 두고 참아도 된다고 말하는 거지?

 사람들은 성공을 위해 열심히 노력하며 산다고 해. 하지만 노력하는 동안 행복을 잃어버리는 경우가 많지. 성공한다고 반드시 행복해진다는 보장도 없는데 사람들은 성공해야 행복해질 수 있다고 말하잖아. 이건 뭔가 이상하지 않니?

 아주 먼 옛날, 사람들은 지구가 우주의 중심이라고 믿었지. 그래서 태양과 우주가 지구를 중심으로 돈다고 생각했어. 그걸 천동설이라고 해. 지금 돌이켜보면 참 어리석은 생각이지만 그때는 다들 그렇게 믿었지. 다른 생각을 할 수가 없었어. 그게 진실이라고 믿었으니까.

 그런데 지금 지구가 우주의 중심이라고 믿는 사람은 아무도 없어. 지구는 태양을 중심으로 돌아. 수성도 금성도 화성도 태양을 중심으로 돌지. 그게 진실이야.

 많은 사람들은 아직도 행복이 성공을 중심으로 돌고 있다고 믿어. 성공이 태양이고 행복이 성공 중심으로 돌고 있다는 거야. 그래서 성공해야 행복해질 수 있다고 믿는 거지. 하지만 아빠는 다르게 생각해.

아빠는 행복이 태양이라고 생각해. 그래서 행복이 중심에 있고 행복을 중심으로 성공의 별들이 돌고 있는 거야. 그래서 행복해야 성공할 수 있는 거야.

많은 사람들은 성공을 위해 열심히 노력하라고만 하지. 하지만 성공은 한 가지 모양, 한 가지 색깔이 아니야. 지구의 별들처럼 다양한 크기와 색, 모양을 갖고 있지. 공통점이라면 행복이라는 큰 항성을 중심으로 돌고 있다는 거야.

미래의 모습을 구체적으로 상상해 보면 어떻게 살아야 행복할지 알게 될 거야. 행복은 결코 저절로 이뤄지지 않아. 행복은 노력해야 가질 수 있는 거니까.

민: 행복한 사람이 성공도 할 수 있다는 뜻이지요? 놀고먹는 것도 행복할 수 있잖아요. 놀고먹어도 성공할 수 있는 방법은 없나요?

욱: 가만히 있지만 더 격렬하게 가만히 있고 싶을 때? 내가 잘하는 건데?

사람이 가장 행복한 순간이 언제인지 아니? 바로 열정에 사로잡혀 미친 듯이 몰입할 때야. 지금 소개할 성공한 인물들은 모두 그런 행복에 빠져 살아.

스티브 잡스를 알지? 휴대 전화와 컴퓨터로 세상을 변화시킨 영웅 말이야. 어떤 기술자보다 뛰어난 능력을 가진 스티브 잡스였지만 실제로 스티브 잡스는 학교를 제대로 다닌 적이 없어. 대학교 1학기 때 그만두었지. 완전 말썽꾼에 학교는 밥 먹듯이 빼먹었어. 얼마나 학교를 빼먹었으면 선생님이 돈을 줄 테니 학교에 오라고 했을까?

스티브 잡스가 열일곱 살이 되기 이전까지 불행은 스티브 잡스의 삶을 옭아맸어. 왜 세상에 태어나서 이렇게 괴로운 걸까 하면서 죽음을 수백 번도 더 생각했대. 그런데 열일곱 살이 되었을 때 스티브 잡스는 우연히 책에서 이런 글을 읽었어.

'매일 인생의 마지막 날처럼 산다면 언젠가는 위인이 되어 있을 것이다.'

그때부터 이 글이 머릿속에서 떠나지 않았대. 그 후로 스티브 잡스는 매일 아침 거울을 보면서 자신에게 묻곤 했대.

'오늘이 내 인생의 마지막 날이라면 지금 하려고 하는 일을 할 것인가?'

처음 며칠 동안은 계속 'NO'라는 답변만 나왔다고 해. 그러면서 변화가 필요하다는 걸 알게 됐지. 스티브 잡스는 '곧 죽는다'는 생각을 구체적으로 해 보았다고 해. 그 후 열정적으로 변한 스티브 잡스는 이런 말을 남겼어.

"인생이 여러분을 배신하더라도 결코 잘될 거라는 믿음을 잃지 마세요. 실패에 빠진 저를 계속 움직이게 했던 힘은 제 일을 사랑하는 것뿐이었습니다. 행복해지고 싶으세요? 그렇다면 사랑하는 일을 찾으세요. 연인이 당신을 행복하게 하듯이 사랑하는 일은 삶의 많은 부분을 채워 줍니다. 당신이 위대하다고 믿는 일을 하는 것만이 진정한 만족을 줄 것입니다."

너희는 그런 일을 찾아야 해. 아직 사랑하는 일을 찾지 못했다면 계속 찾아. 가만히 있지 말고 온 마음을 다해 찾아내. 그 일에 몰입할 때 진정한 행복이 무엇인지 알게 될 거야.

아빠도 '몰입'이 주는 행복을 느껴 본 적이 있어. 몰입은 마음 깊은 곳에 잠자고 있던 에너지를 일깨워 줘. 너희도 스티브 잡스처럼 열정을 가져 봐. 열정의 에너지는 대단히 강력해서 어쩌면 스티브 잡스처럼 세상을 바꿀 수도 있어. 성공한 인물과 기업을 통해 몰입과 열정을 배워서 세상에 도전해 보자.

미래를 설계하는 일론 머스크

욱: 어떻게 공부해야 아저씨 아니 형 같은 멋진 사람이 될 수 있나요?

일론 머스크: 공장의 조립 라인과 같은 학교 교육 대신 적성과

능력에 맞는 교육을 받는 것이 훨씬 더 합리적이야. 나는 미래 인재를 키우기 위한 학교를 세울 거야. 이 학교에는 학년이라는 것이 없어. 도전해 봐!

얼마 전에 가족이 다 함께 봤던 영화 기억하니? 그래, '아이언맨' 말이야. '아이언맨'은 공상 과학 영화나 영웅 만화를 좋아하는 사람들에게 인기 있는 영화 중 하나이지. 백만장자에 아이언맨 슈트를 입고 하늘을 날아다니는 주인공의 모습이 아주 멋지잖아.

그런데 영화 속 주인공 아이언맨이 실제 한 인물을 모델로 만들어졌다는 사실 알고 있니? 바로 테슬라의 창업자인 일론 머스크야. 영화 속 주인공만큼 변화무쌍한 삶을 살고 있는 일론 머스크는 4차 산업 혁명을 이끌고 있는 대표 주자 중 한 사람이지. 테슬라 모터스, 스페이스 엑스, 솔라 시티, 뉴럴 링크, 엑스 닷컴 등의 회사로 전기 자동차와 우주선, 태양광 패널, 신경칩 등을 만드는 회사야.

얼핏 보면 서로 연관되는 사업이 하나도 없는 것 같아 보일 거야. 전기 자동차랑 우주선이 무슨 관련이 있을까 싶지. 그런데 자세히 살펴보면 이 회사들엔 공통점이 하나 있어. 바로 일론 머스크가 자신이 어린 시절부터 생각해 온 꿈을 실현시키기 위해 만든 회사들이라는 거지.

일론 머스크는 원래부터 인터넷, 재생 에너지, 우주에 대한 열

망이 컸대. 스탠포드대학의 물리학 박사 과정에 들어갔지만 자신의 꿈을 이뤄 주는 길이 아니라고 생각해 결국 학교를 그만두고 집투라는 회사를 창업했지. 인터넷으로 지역 정보를 제공하는 서비스 회사였는데, 이 회사는 만든 지 4년 만에 컴팩이라는 컴퓨터 회사에 2200만 달러에 팔렸지.

이후 온라인 금융 서비스 회사인 엑스 닷컴이라는 새로운 회사를 창업한 일론 머스크는 주변의 비슷한 서비스를 제공하는 회사를 사들여 회사를 점점 키워 나갔어. 페이팔이라고 회사 이름을 바꾸었고 2002년 이베이에 6000만 달러를 받고 팔아 버렸지.

사람들은 일론 머스크가 왜 이렇게 회사를 만들고 팔기를 되풀이하는지 알 수가 없었어. 사실 일론 머스크는 이런 일을 통해 꿈을 이룰 기반을 마련하였던 거야. 그 후 일론 머스크는 남들이 시도하지 않은 새로운 분야를 찾아 여러 개의 회사를 만들기로 결심했어. 물론 새로운 것을 시도하다 보니 제품을 만들 때마다 여러 번 실패를 했어. 하지만 일론 머스크는 포기하지 않고 꾸준히 노력한 끝에 전기 자동차, 재활용 우주선 등을 개발할 수 있었어.

일론 머스크는 우주를 향한 꿈을 실현시키기 위해 스페이스 엑스라는 회사를 새로 만들기도 했어. 이 회사는 민간 우주 개발 업체로 인류의 화성 이민 계획을 세워 세계적으로 유명한 기업이 되었지. 지금은 나사와 계약을 맺어 우주 화물선에 물건을 싣고 국제 우주 정거장까지 실어다 주는 일을 맡고 있어. 이 회사는 지구인들을 화성으로 이민시킬 계획을 실현시키기 위해 우주선 개발과 우주 탐사 연구를 계속하고 있다고 해.

뉴럴링크는 인간의 뇌와 컴퓨터를 연결시키는 방법을 연구하는 회사야. 인간의 뇌에 아주 작은 칩을 집어넣은 후, 그 칩을 이용해 생각을 업로드하거나 다운로드하는 방법을 연구하고 있지.

만약 이 기술이 성공한다면 사람은 기억을 잃어버렸을 때 칩을 이용해 기억을 다시 살릴 수 있게 될 거야. 두뇌용 칩은 활용 범위가 생각 외로 넓어. 앞으로 칩의 생체 삽입 기술이 점점 발달하면 그 사용 방법은 더욱 다양해지겠지. 영화가 아닌 현실에서 아이언맨의 로봇 슈트를 만날 날도 머지않았을 거야.

일론 머스크는 지구를 위한 재생 에너지 산업에 계속 관심을 보이고 있어. 테슬라 모터스와 솔라 시티는 재생 에너지에 대한 관심으로 만들어진 회사야.

테슬라 모터스는 2003년 세워진 자동차 회사야. 100년 전에 세워진 BMW나 벤츠, 포드 같은 자동차 회사들에 비해 역사가 아주 짧아. 고작 20년도 안 된 새내기 자동차 회사 테슬라가 자동차 시장을 바꾸어 놓고 있어. 사람들이 점점 테슬라에서 만든 전기 자동차에 관심을 갖기 시작한 거야.

전기 자동차는 테슬라가 만들기 이전에 이미 발명되었지만 사람들의 인식이 썩 좋지 않았지. 아주 가까운 거리만 이동할 수 있는 차라고 생각했기 때문이야. 그런데 2006년 테슬라에서 전기 자동차를 발표하자 사람들은 깜짝 놀라지 않을 수 없었어.

테슬라가 발표한 로드스터는 한 번 충전으로 400km까지 달릴 수 있는 멋진 '스포츠카'였거든. 테슬라의 전기 자동차가 다른 전기 자동차보다 멀리 갈 수 있는 것은 전지가 다르기 때문이야.

테슬라는 노트북에 사용되는 리튬 이온 전지를 이용해. 작은 리튬 이온 전지를 6000개나 이어 붙여 자동차를 움직이는 거지. 누구도 리튬 이온 전지를 이어붙일 생각을 하지 못했는데 테슬라가 해낸 것이었어.

이후 많은 자동차 회사들이 전기 자동차 시장의 가능성을 다시 생각하게 되었어. 이 시장은 날로 커져서 앞으로 10년 후에는 전기 자동차가 차지하는 비중이 전체 자동차 시장의 30%를 넘길 거라고 해.

4차 산업 혁명의 핵심 기술로 재무장한 구글 그룹

민: 일을 재미있게 하면서 돈도 많이 벌고 싶어요!

구글: 우리의 모토가 "Don't Be Evil!"(악해지지 말자). 뭐, 간단히 말하자면 돈을 벌 때 좋은 일을 통해 돈을 벌겠다는 뜻이지. 우리는 형식을 따지지 않고 자유롭고 재미있게 일하면서도 세상을 변화시키려고 해.

요즘 너흰 모르는 것이 생기면 아빠 엄마한테 물어보기보단 곧장 휴대 전화나 컴퓨터로 검색해 보지. 처음에 아빠랑 엄마는 그게 당황스러웠어. 어른들에겐 검색한다는 게 별로 익숙한 일이 아니었거든. 그러나 요즘 아이들은 선생님에게 질문하는 것보다 자연스러운 일이겠지. 더 정확한 답을 빠르게 찾아낼 수 있으니까 말이야.

우리나라에서는 검색하면 '네이버'나 '다음'을 떠올리지만, 외

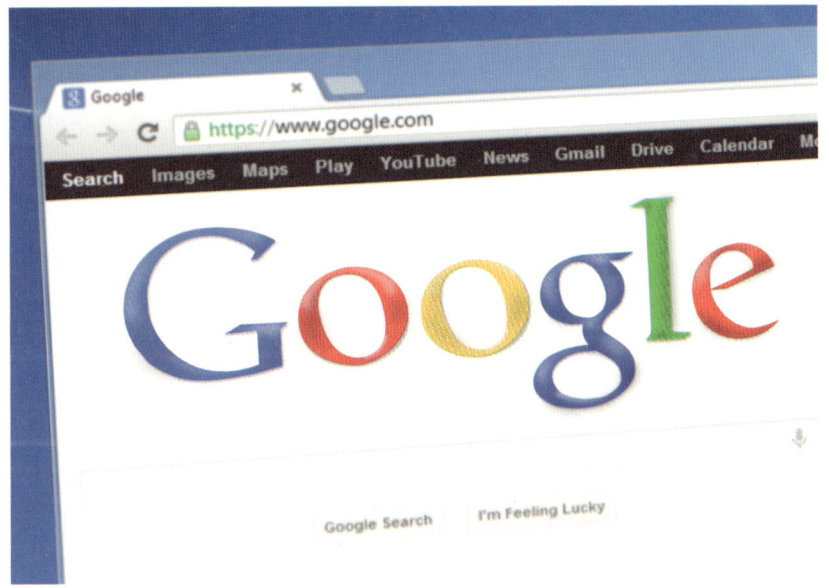

전 세계의 대표적인 검색 서비스로 자리잡은 구글

국에서는 구글을 먼저 떠올려. 구글은 세계 점유율 1위 검색 업체로 전 세계의 네티즌이 이용하고 있지. 구글이라는 이름은 너희도 아주 잘 알고 있을 거야. 게임을 좋아하는 너희 둘은 스마트폰의 화면 가운데 위치해 있는 구글 플레이라는 아이콘을 아마 날마다 보았을 테니까.

우리나라에서 만들어지는 대부분의 스마트폰에는 '안드로이드'라는 것이 설치되어 있어. 안드로이드는 스마트폰을 작동시키는 운영 체제야. 구글이 만들어서 기업들에게 무료로 공개한 것이지.

구글은 1998년 처음 만들어졌어. 그 후 검색 서비스를 바탕으로 빠르게 성장한 구글은 회사의 규모가 커지자 2000년대 후반부터 유망한 기업들을 사 모으기 시작했어. 심지어 인터넷과 상관없는 기업까지 사들이기 시작했지. 사람들은 구글이 왜 검색과는 아무 관련 없는 기업을 사들이는 것인지 궁금해했어.

인공 지능을 연구하는 기업, 자율 주행 자동차를 연구하는 기업, 생체 인식 기술을 연구하는 기업 등 새로운 기업들을 사들였던 거야. 사실 구글의 목표는 4차 산업 혁명의 핵심 기술을 보유하는 것이었어. 구글은 미래 기업으로 가치를 확실히 하고 싶었던 거야.

구글은 원래 10의 100제곱을 뜻하는 구골에서 따온 이름이라고 해. 세상의 모든 정보를 잘 엮어서 누구나 쉽게 접근할 수 있도록 만들자는 것이 구글을 만든 목적이었지.

검색 서비스로 시작한 구글은 유투브와 구글 북스, 구글 어스를 통해 정보의 범위를 크게 확장시켰어. 그리고 인터넷에 돌아다니는 디지털 정보뿐 아니라 인류를 둘러싼 모든 정보로 지식의 범위를 확대시켰지. 구글은 현재 책으로 나와 있는 모든 정보를 디지털화해 검색으로 찾을 수 있도록 하겠다는 거대한 계획을 세울 정도였지.

그런데 문제가 하나 생겼지 뭐야. 바로 저작권과 수익 문제였어. 아마존이나 작가들은 자신의 작품이 디지털화되는 것을 크게 반대했지. 오랜 기간 법정 다툼이 이어졌고, 저작권이 소멸된 옛날 자료들에 대해서만 구글의 작업 권한이 인정되었어.

　최근에는 프랑스를 비롯해 구글과 계약을 맺고 책을 공개하겠다는 곳이 조금씩 생겨나기 시작했다더구나. 앞으로 더 많은 나라와 출판사에서 구글을 통해 검색할 수 있도록 만들 것이라 기대하고 있어.

　요즘은 구글 북스와 함께 구글 어스의 정보도 널리 이용되고 있어. 뉴스나 잡지에 나오는 위성에서 찍힌 지구 모습 대부분은 구글 어스의 사진을 인용하고 있고, 구글 어스의 자료를 비교해 지구의 땅이 어떻게 변하고 있는지 알려 줄 정도라고 해.

　구글은 1998년 회사를 세운 후부터 지금까지 반드시 지키려 하는 원칙이 몇 가지 있어. 먼저 사용자의 뜻을 반영한 검색 결과와 정보 공개가 첫 번째 원칙이지. 돈을 쫓기보다는 정확한 정보를 쫓는다는 원칙도 있어.

　구글 이외의 회사들은 자신들에게 광고를 맡긴 업체의 정보를 먼저 보여 주도록 설정했지만 구글은 그렇게 하지 않았지. 구글은 오로지 검색 데이터를 분석해 사람들이 많이 접속하고 연관성이 높은 순서대로만 검색 결과를 보여 주었지. 덕분에 사람들은 구글의 검색 결과에 큰 믿음을 가지게

무료로 공개되는 안드로이드 운영 체제를 상징하는 로봇 이미지

되었어.

　여러 회사들이 많은 사용자를 가진 구글 검색창 상단에 노출되기 위해 로비를 했지만 구글은 자신들의 원칙을 전혀 굽히지 않았대. 그 원칙 덕분에 구글을 사용하는 사람들은 더 늘어났고 광고 수입도 늘어났지.

　구글의 또 다른 원칙은 '꼭 필요한 정보는 모든 사람에게 공개되어야 한다.'라는 것이래. 구글 크롬이나 안드로이드 운영 체제를 비롯해 구글에서 제공되는 많은 정보들이 무료로 공개되고 있어. 덕분에 구글은 세계 검색 1순위라는 자리를 20년 이상 굳건히 지키고 있는 것일지도 몰라.

　구글은 검색 서비스, 유튜브, 구글 북스, 구글 어스까지 어마어마한 양의 데이터를 확보하고 있어. 미래에는 구글 같은 업체가 가진 빅데이터가 아주 큰 힘을 발휘하게 될 거야. 이것은 돈으로 환산할 수 없을 정도로 값어치 있는 것이지. 그러다 보니 여러 가지 정보를 구글이 독점하는 것에 대해 우려하는 사람들의 목소리도 커지고 있어.

　생각해 봐. 구글을 이용하면 이용할수록 사람들은 구글의 정보에 더욱 의존하게 될 거야. 어떤 사람들은 훗날 구글이 세상을 통제할 수도 있을 거라고 말할 정도니까. 이것을 막으려면 데이터 독점으로 인해 생길 수 있는 문제들을 해결할 수 있는 법적, 제도적 준비가 필요하겠지.

구글은 지난 2015년 알파벳이라는 지주 회사의 자회사가 되었다고 발표했는데, 알파벳은 그동안 구글이 인수한 대부분의 회사들을 거느린 거대한 회사야.

알파벳의 자회사를 살펴보면 구글이 무엇을 준비하고 있는지 좀 더 쉽게 알 수 있을 거야. 최근 암 탐지 캡슐을 연구하는 x랩을 비롯해 인공 지능 프로그램 개발 회사 딥마인드, 늙지 않는 약을 개발하는 칼리코, 사물 인터넷 기술을 이용한 스마트 홈을 담당할 네스트, 자율 주행 자동차 전문 기업 웨이모까지 다양한 자회사가 있어.

그래! 구글은 단순히 인터넷 검색 회사가 아니라 앞으로 4차 산업 혁명 시대에 살아남는 미래형 기업이 되려는 거야.

지난 2016년, 인공 지능 바둑 프로그램 알파고가 바둑 기사 이세돌을 이겼던 거 기억하지? 그때 너희는 알파고 같은 인공 지능이 사람을 지배하는 세상이 오면 어떡하느냐며 걱정했지. 바로 그 알파고를 개발한 회사가 딥마인드라는 곳인데 그곳도 구글의 자회사 가운데 하나야.

딥마인드에서는 인간 프로 바둑 기사와 인공 지능 컴퓨터의 대결이라는 세계적인 이벤트를 펼쳤지. 인공 지능 프로그램은 인간을 이김으로써 사람들의 관심을 증폭시켰어.

알파벳 지주 회사들은 4차 산업 혁명의 핵심 기술로 여겨지는 신기술들을 확보하고 서로 정보를 공유하고 융합하여 또 다른 기술을 연구하게 될 거야. 지금까지 구글이 모아 온 신기술은 4차 산업 혁명의 핵심 축이 되리라 기대하고 있지.

로봇으로 움직이는 공장, 아디다스 스피드 팩토리

아디다스 스피드 팩토리: 지금까지는 공장에서 생산된 운동화가 소비자에게 도착하기까지 최소 6주가 걸렸지. 그러나 우리 로봇 공장은 운동화를 생산해서 소비자에게 배송까지 24시간 만에 끝낼 거야. 여기에서 만든 신발을 봐! 이것이 바로 혁신적인 미래의 신발이야!

욱: 우아! 정말 하나 갖고 싶은데 어떻게 안 될까요?

얼마 전 너희들이 아디다스 운동화를 사 달라고 한 적이 있어. 엄마가 아무 운동화나 신으면 안 되느냐고 물으니 너희들은 꼭 브랜드가 있는 운동화를 신어야 한다며 칭얼거렸지.

"휴, 애들 운동화가 왜 이렇게 비싼 건지 모르겠어."

엄마가 이렇게 중얼거릴 때 아빠가 했던 말 생각나니? 앞으로 로봇이 운동화를 만들게 되면 가격은 엄청 싸고 질은 더 튼튼할 거라고 했지.

자동으로 운영되는 아디다스 공장, 스피드 팩토리

　사실 신발이나 옷 공장은 사람의 노동력이 많이 필요한 곳이야. 그래서 임금이 낮은 동남아시아나 중국에는 국제적인 브랜드의 신발 공장이 많은 편이지.
　그런데 너희가 좋아하는 아디다스 운동화는 임금이 비교적 싼 동남아시아가 아니라 임금이 비싼 유럽의 대도시에 신발 공장을 짓고 운동화를 만들어. 공장에 '스피드 팩토리'라는 이름도 지었지.
　인건비가 비싼 선진국의 대도시에서 어떻게 신발을 만들 수 있는지 궁금하지? 유럽에서 공장을 운영할 수 있는 비결은 바로 로봇 덕분이래. 아디다스는 여러 나라의 기업이 모여 하나로 합쳐진

다국적 기업인데, 사람의 손과 발을 움직여 만들어 내던 신발을 로봇과 첨단 장치를 이용해 만들고 있지.

아디다스의 '스피드 팩토리'를 보고 사람들은 이미 4차 산업 혁명이 시작된 거라고들 말해. 사실 아디다스는 1993년 독일에서 마지막 신발을 만든 후 생산 시설을 전부 외국으로 옮겨 버렸어. 독일은 인건비가 너무 비싸서 생산 단가를 맞출 수 없었기 때문이었지. 그 후 약 23년 만에 독일에 다시 신발 공장을 세운 거야. 사람이 거의 일하지 않아서 인건비가 적게 들고, 로봇으로 자동화된, 관리하기 쉬운 미래형 공장으로 바뀌었지.

아디다스는 유튜브를 통해 스피드 팩토리를 전 세계 사람들에게 선보였어. 사람들은 입을 쩍 벌릴 수밖에 없었어.

글쎄, 아무도 없는 공장에서 로봇들이 정해진 동선에 따라 신발을 만들고 있지 뭐야. 정확하고 신속하게, 쉬지 않고 움직이는 로봇을 보면서 사람들은 무슨 생각을 했을까?

회사를 관리하는 사람들은 앞으로 노동자를 관리할 필요가 없으니 좋다고 생각했을 테고, 노동자들은 일자리가 점점 줄어들 거라는 생각에 불안함을 느꼈을 거야. 사람들의 생각과는 관계없이 아디다스처럼 사람 대신 로봇이 일하는 공장은 점점 늘어날 거야.

반면 아디다스의 스피드 팩토리는 국가 차원에서 지원한 큰 프로젝트였어. 스피드 팩토리를 위해 독일 정부와 아헨 공대까지 힘을 모았지. 수십 개의 기업들도 스피드 팩토리 준공에 참여했어.

센서 업체를 비롯해 로봇 제작 회사, 정보 통신 지원 회사, 프로그램 회사, 3D 프린팅 회사까지 4차 산업 혁명의 주요 기술들을 보유한 기업들이었어. 다시 말해서 스피드 팩토리는 단순하게 로봇이 투입된 자동화 공장이 아니야. 스피드 팩토리의 모든 과정은 로봇과 정보 통신 기술이 결합되어 있어.

또 로봇과 주변 장치는 서로 네트워크를 통해 작업 내용을 공유하고 확인하도록 만들어졌지. 네트워크로 연결된 로봇들은 서로 다른 로봇의 작업 상황을 알고 있기 때문에 상황에 맞게 생산 과정을 조정하며 작업을 진행하도록 설계되었어.

독일은 아디다스의 스피드 팩토리를 시작으로 독일 내에 새로운 산업 흐름을 이끌 계획이야. 죽어 가는 제조업을 살리기 위한 미래 전략이지. 정보 통신 기술과 로봇 등의 자동화 기술을 결합하여 높은 인건비 때문에 침체되어 버린 독일 제조업의 경쟁력을 높이겠다는 거야. 스피드 팩토리의 성공 사례는 인건비가 저렴한 나라로 생산 기지를 옮겼던 많은 다국적 기업들을 선진국 대도시로 다시 불러 모을 좋은 계기가 될 것이라 예측하고 있어.

선진국에 공장이 다시 생기면 어떤 점이 좋을까? 그야 사람이 많으니 그곳에서 빨리 소비할 수 있고, 먼 곳에서 물건을 만들어 이동하는 시간과 비용을 줄일 수 있으니 경제적으로 훨씬 더 큰 효과를 얻을 수 있겠지.

독일에 있는 아디다스 공장에서는 1년에 약 50만 켤레의 운동화를 생산할 예정이라고 해. 옛날 방식으로 50만 켤레를 만드려면 자그마치 600명의 노동자가 필요해. 그러나 로봇 공장에서는 6대의 로봇과 약 10명의 노동자만 필요하대.

사람이 하는 일이라고는 적합한 소재의 원단이나 실을 로봇에 공급해 주는 게 전부야. 혹시 중간에 문제가 생겨 로봇이 멈추면 동작 버튼을 눌러 주기만 하면 끝이야. 노동자는 백 분의 일로 줄어들고 생산성은 네 배나 증가한 셈이지.

더욱 놀라운 것은 스피드 팩토리에서는 소비자가 원하는 디자인으로 운동화를 제작해 준다는 거야. 홈페이지를 통해 사용자가 원하는 형태의 운동화를 주문하면 공장에서 만들어 낼 수 있어. 이렇게 운동화를 만드는 데 걸리는 시간은 약 5시간 정도라고 해. 겨우 5시간 만에 나만의 맞춤형 운동화가 세상에 나올 수 있다니, 얼마나 놀랍니!

지금까지 아디다스에서 새로운 모델의 제품을 하나 출시하려면 디자인에서 판매까지 약 1년 6개월의 시간이 필요했어. 요즘처럼 유행이 빨리 변하는 시대에 맞지 않는 시스템이었지. 그런데 이제 스피드 팩토리에서 제품을 생산하면 새로운 디자인의 제품을 고작 10일 만에 만들어 낼 수 있게 됐어.

그전에는 새로운 모델을 생산하기 위해 공장의 생산 라인을 새로 정비하고, 노동자들을 교육한 후 신발을 만들어서 시간이 오래 걸릴 수밖에 없었지만 스피드 팩토리에서는 로봇의 프로그램을 새로 설치해 주기만 하면 끝나지.

2016년 시범 생산을 마친 아디다스는 2017년부터 본격적으로 스피드 팩토리를 운영하고 있어. 또 우리나라에서도 한국형 아디다스 스피드 팩토리를 만들 계획을 세우고 있지.

산업 인터넷 플랫폼으로 기업들을 연결하는 제너럴 일렉트릭

욱: 만약 토마스 에디슨이 이 시대에 태어났다면 어떤 발명을 했을까요?

제너럴 일렉트릭: 프레딕스지! 4차 산업 혁명이자 미래 공장의 모습이 바로 '프레딕스'야. 자고 일어나면 바뀌는 세상에서 판에 박힌 사고방식은 곤란해. 4차 산업 혁명 시장에서 살아남으려면 특정 기술이 중요한 것이 아니야. 시장 변화를 읽고 재빨리 대응하는 능력이 필요해. 우리처럼!

세계적인 발명왕 하면 토마스 에디슨을 손꼽아. 에디슨은 발명가이자 사업가였어. 여러 개의 회사를 세워 성공과 실패를 거듭했지. 에디슨이 세운 회사 가운데 지금까지 남아 있는 회사가 바로 세계적인 제조 회사인 제너럴 일렉트릭(GE)이야.

원래 에디슨 제너럴 일렉트릭이었는데 톰휴스톤과 합병하면서 제너럴 일렉트릭으로 이름이 바뀌었어. 100년이 넘는 시간을 세계적인 기업으로 버텨 온 제너럴 일렉트릭이 새로운 시대를 대비해 혁신을 단행했어.

제너럴 일렉트릭이 야심차게 준비한 것은 프레딕스 플랫폼이라는 거야. 전 세계의 기업을 하나의 플랫폼으로 연결시키겠다는 거대한 포부로 만들어진 것이지. 이 프레딕스 플랫폼은 제너럴 일렉트릭이 앞으로 100년을 버틸 수 있는 중요한 기둥이 될지 업계의 관심이 쏠리고 있어.

제너럴 일렉트릭은 에디슨이 뉴욕 증권 시장에 처음 등록한 12개 회사 중 아직까지 남아 있는 유일한 회사야. 100년이 넘는 시간 동안 세계적인 기업의 지위를 유지해 왔다는 것이 정말 대단하지 않니?

제조업을 주로 하는 이 회사가 100년이 넘도록 버틸 수 있었던 것은 끊임없이 새로운 사업을 발굴하고, 시대에 맞도록 생산 시스템을 개발해 왔기 때문이야.

제너럴 일렉트릭은 우리나라에서 가전제품으로 유명하지만 전구를 비롯해 가스 및 바이오 에너지, 비행기, 철도, 송유관 등 다양한 제품을 생산하는 제조 기업이야. 전 세계에 400개가 넘는 제조 공장을 갖고 있지. 제너럴 일렉트릭이 개발한 각종 기계와 센서가 1조 개가 넘어.

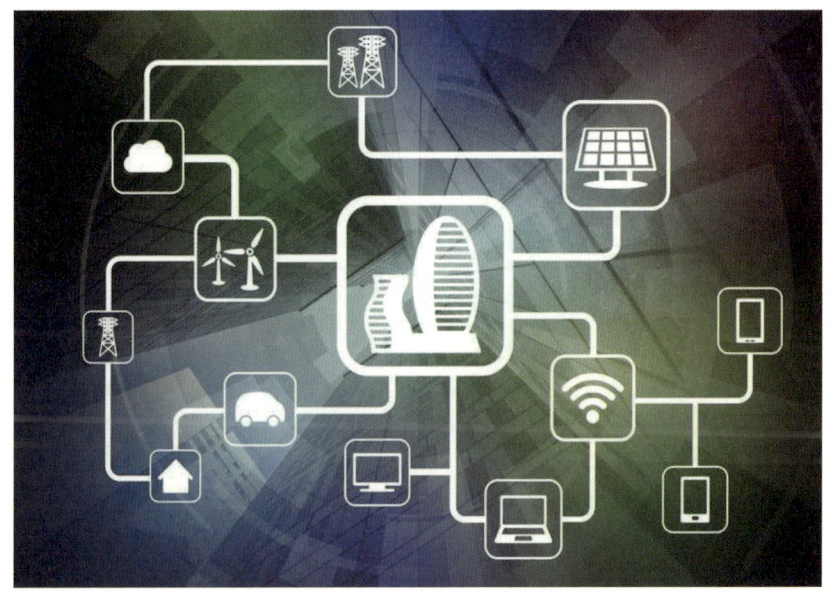

세계 최초의 산업 인터넷 플랫폼인 프레딕스 개념도

프레딕스 플랫폼이 완성되면 공장에 있는 모든 장치들은 네트워크로 연결되어 클라우드 서버에 모든 정보를 저장하게 돼. 산업용 데이터를 위한 전문 시스템이 갖춰지는 것이지.

제너럴 일렉트릭은 산업 데이터가 저장되어 있는 클라우딩 시스템을 바탕으로 전 세계 공장의 기획에서부터 생산, 유통까지 모두 이루어지도록 설계했어. 특히 지난 100년 동안 회사를 유지시켜 준 보안 기술과 제조 회사를 운영하면서 얻게 된 관리 기술을 프레딕스 플랫폼에 그대로 적용시켰어.

프레딕스 클라우딩 플랫폼은 제너럴 일렉트릭만 사용하는 게 아니야. 병원을 비롯해 유통업체, 대형 공장까지 자동화 과정에서 생겨날 수많은 산업 데이터의 관리가 필요한 곳에서 언제든지 이용할 수 있도록 만들어졌어. 프레딕스 플랫폼은 세계 최초의 산업 인터넷 플랫폼이라고 할 수 있어.

프레딕스 플랫폼을 사용하는 기업들은 서로 정보를 공유할 수 있어서 또 다른 사업 기회를 찾을 수 있어. 컴퓨터를 사용하는 사람이면 당연히 윈도우 시스템과 인터넷 익스플로러 프로그램을 사용하는 것처럼 기업이 프레딕스 플랫폼을 이용하게 만드는 것이 제너럴 일렉트릭의 목표라 할 수 있지. 많은 기업들이 프레딕스 플랫폼에 연결되면 제너럴 일렉트릭이 산업 분야의 구글처럼 될 수도 있지 않을까?

공유 시대를 활짝 연 우버와 에어비앤비

민: 교통이 너무 막혀요. 미래에는 자동차가 더 많아질 텐데 더 막히면 어떻게 살아요?

우버: 오, 노! 걱정 마. 우리는 5~10년 안에 하늘을 나는 플라잉 택시를 운행할 거야.

에어비앤비: 미래는 공유 경제의 시대야. 집 때문에 걱정이라고? 까짓것 공유하자! 이거 정말 멋지지 않아?

너희가 자전거를 새로 사 달라던 게 생각나는구나. 너희는 쌍둥이니까 두 대가 필요할 거라고 했지. 하지만 아빠는 딱 한 대만 사 주겠다고 했어. 왜냐면 활발한 성격의 욱이와 달리 민이는 자전거 타는 걸 별로 좋아하지 않으니까 필요하면 욱이의 자전거를 함께 쓰면 되겠다고 생각했거든.

너희는 그런 법이 어디 있느냐며 입술을 삐죽거렸지. 민이는 욱이만 예뻐하고 자기를 차별하는 거라며 서러워했어. 결국 아빠가 자전거를 한 사람당 하나씩 모두 사 주었더니 어떻게 됐니?

욱이는 자전거 바퀴가 너덜너덜해질 정도로 자주 탔지만 민이는 고이 모셔 두기만 했지. 얘들아, 이제 너희들은 좋든 싫든 자신이 갖고 있는 것 중 당장 필요하지 않은 것을 주변 사람과 나눠 쓰는 '공유 경제' 방법을 익혀야만 해.

공유 경제는 지난 2010년 초부터 세계적으로 불기 시작한 유행이지. 특히 '우버'와 '에어비앤비'는 선풍적인 인기를 끌었고 급기야 세계적인 기업으로 성장했어.

우버와 에어비앤비의 성공 이후 많은 분야에서 공유화가 일어날 거라고들 해. 아빠가 우버와 에어비앤비에 대해 설명해 준 적이 있었나?

우버는 택시를 한 대도 갖고 있지 않은 택시 업체야. 지난 2015년 프랑스에서 택시 기사들이 파리 공항과 주변 도로에서 대대적인 시위를 벌였어. 택시 기사들은 우버 때문에 영업에 큰 타격을 받았다며 우버를 없애야 한다고 주장했지. 그런데 사실 우버는 택시 회사가 아니야. 그저 차를 갖고 있는 사람과 차가 필요한 사람을 연결해 주는 택시 서비스일 뿐이지.

급하게 이동해야 하는 사람이 우버 택시를 부르면 행선지가 같은 차 주인이 그 사람을 태워 주는 방식인 거야. 차 주인은 가는 길에 사람을 태워 돈을 버니 좋고, 우버 택시를 탄 사람은 싼 값에 먼 길을 갈 수 있으니 좋고! 그렇게 일석이조의 혜택을 얻으려고 만든 게 바로 우버야.

우버는 모바일 애플리케이션을 통해 주변에 있는 차량을 찾아보고, 원하는 차를 선택해 이용할 수 있어. 우리나라에서도 우버를 본보기 삼아 카카오 택시 서비스가 시작되었어.

우버를 만든 사람은 트래비스 캘러닉이라는 사람인데 택시를 부르면 보통 30분 이상 걸려 도착하는 게 무척 짜증이 났대. 그래서 길거리를 돌아다니는 모든 운전자를 택시 운전기사로 만들어 버리면 빠르지 않을까 하는 기막히고 엉뚱한 생각을 했지.

　손쉽고 빠르게 택시를 불러 보겠다는 생각으로 시작된 사업 구상은 우버라는 새로운 택시 서비스를 만들어 냈어. 결과는 엄청난 성공이었지. 현재 우버는 세계 500여 개의 도시에서 운영되고 있어. 사람들은 비싸고 불친절한 택시보다 쉽고 편하게 이용할 수 있는 우버 택시를 더 선호하지.

　물론 범죄에 노출될 위험도 있고 여러 가지 불편한 점도 많아. 그러나 우버 택시는 아주 싸기 때문에 이런 점을 모두 감수할 수

있는 거야.

택시에 이어 숙박업에서도 공유 경제를 이용한 스타 기업이 탄생했지. 세계적 호텔 업체인 하얏트만큼의 기업 가치를 인정받고 있는 에어비앤비야.

에어비앤비는 호텔이 아니야. 그저 숙박과 조식을 예약할 수 있는 회사야. 전 세계 1억 5천만 명의 여행객이 사용하는 숙박 업체임에도 숙박 시설을 단 한 곳도 갖고 있지 않아. 에어비앤비가 갖고 있는 것은 에어비앤비 웹 사이트와 방을 빌려주거나 방을 빌릴 사람들의 목록뿐이지.

에어비앤비는 잠잘 곳이 필요한 사람과 침실이 남는 사람을 연결시켜 수수료를 받는 방식이야. 집주인은 사용하지 않는 방을 이용해 돈을 벌어서 좋고, 여행객은 저렴한 가격에 숙소를 빌릴 수 있어서 이득이지. 에어비앤비 서비스는 2008년도에 처음 시작했는데, 지금은 젊은 여행자들에게 엄청난 인기를 끌고 있어.

우버나 에어비앤비 같은 공유 경제 서비스들은 처음에는 각 나라에서 큰 논쟁을 불러일으켰어. 지금까지 소유 개념이 강조되어 왔던 자본주의 제도와 맞지 않는 부분 때문이었지. 그러나 많은 분란과 논쟁 속에서도 이러한 공유 경제 서비스는 계속 확대될 전망이야.

왜냐고? 미래 사회는 더욱 각박해질 거고 경제적으로 여러 방면에서 수익을 창출할 수 있을 거야. 그러니 쓰지 않는 것을 싸게 빌려주고 빌려 쓸 수 있는 '공유 경제'가 더욱 발달하게 될 거야.

물론 공유 경제 서비스의 가장 큰 전제는 신뢰가 바탕이 되어야만 하지. 이용자는 안전하게 이용할 수 있다는 믿음, 제공자는 빌려줬던 물건을 온전한 형태로 돌려받을 수 있다는 믿음이 있어야 이용할 수 있어.

만약 이런 신뢰 문제만 해결된다면 우버와 에어비앤비는 더욱 큰 가치를 지닌 기업으로 발전하게 될 거야. 그래서 그런지 우버와 에어비앤비는 각종 보험이나 사전 심사 등 다양한 제도적 절차를 갖추어 신뢰를 쌓아 가고 있다고 하더구나.

미래학자들은 개인 간의 공유 경제를 넘어 기업 간에도 이런 움직임이 일어날 거라 보고 있어. 이미 투자를 통해 시설을 갖고 있는 기업은 다른 기업과 시설이나 서비스를 공유함으로써 새로운 이익을 만들어 낼 수 있어.

앞으로 기업들은 경제성과 효율성을 극대화시킬 수 있는 다양한 방법을 시도할 것이며, 이런 변화가 사람들의 의식을 변화시킬 것이라 예측하기도 해.

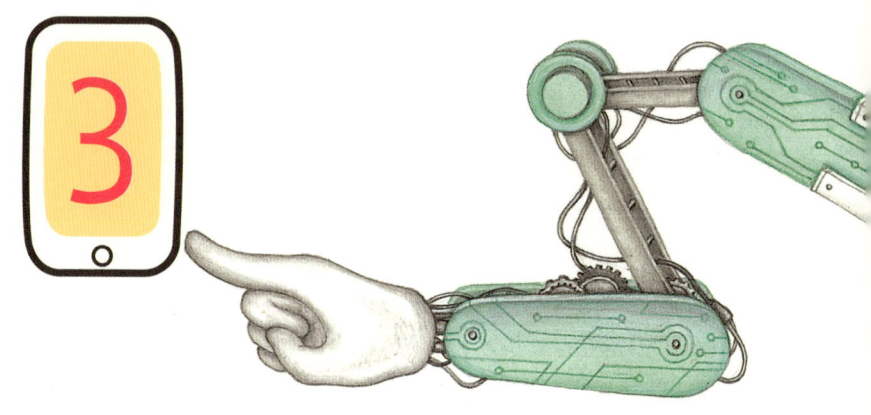

3

4차 산업 혁명을 이끌 융합 과학 기술

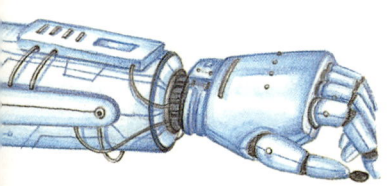

4차 산업 혁명의 새로운 기술들은 과연 2030년 우리의 생활을 어떻게 바꾸어 놓을까? 4차 산업 혁명의 핵심이 될 기술들에 대해 알아보자.

융합 인재가 되려면 어떤 공부를 해야 할까요?
미래를 내다보고 모든 것을 예측하는 빅데이터
인간의 능력을 뛰어넘는 인공 지능 컴퓨터
또 하나의 현실 세계, 가상 현실과 증강 현실
컴퓨터로 돈을 캔다, 가상 화폐 비트코인
혼자 날아다니는 작은 항공기, 드론
어떤 물건이든 출력하는 3D 프린터
필요한 정보를 전달해 주는 웨어러블 장치들
말하면 알아서 척척 해 주는 나만의 개인 비서
물건과 대화하고 명령하는 사물 인터넷
눈동자나 지문으로 나를 증명하는 생체 인식 기술
몸속에 넣는 전자 생체 삽입 장치
컴퓨터와 머릿속을 연결하는 뇌 컴퓨터 인터페이스
내가 원하는 아기를 만들 수 있는 유전자 연구
스스로 생각하고 움직이는 자율 주행 자동차
가스나 휘발유가 필요 없는 미래의 자동차들
내 마음대로 조종 가능한 스마트 홈과 스마트 시티
사람을 닮은 휴머노이드
미루지 말고 세상을 깜짝 놀라게 해요!

 **융합 인재가 되려면 어떤 공부를 해야 할까요?**

욱: 나는 아무래도 미래 인재는 못 될 것 같아요. 머리가 나빠서 아무리 노력해도 전교 1등은 불가능하고요.

민: 반 1등도 못 하면서 무슨!

욱: 너도 그렇잖아. 나는, 아니 우리는 공부는 어림도 없어요. 안 되는 사람은 아무리 해도 안 된다니까요.

민: 맞아요. 우리는 아빠 엄마 닮아서 머리가 나빠요. 그러니까 우리 보고 공부 못한다고 하지 마세요.

너희는 자기 자신의 능력이나 성격을 어떻게 평가하니?

욱이는 '겁이 원래부터 많았다'고 하고, 민이는 '부끄러움을 많이 타서 사람들 앞에 나설 수가 없다, 여자라서 수학을 못한다, 또 태어날 때부터 운동 신경이 없어서 운동을 못한다.' 하고.

좋다, 좋아. 그런데 한번 의심해 보자.

너희 능력이나 성격은 어떻게 만들어진 걸까? 태어날 때부터 아빠나 엄마한테 물려받은 걸까? 한번 만들어진 능력이나 성격은 절대로 바꿀 수 없는 걸까?

곰곰이 따져 봐. 만약 성격이나 능력을 바꿀 수 없다면 사람은 누구나 타고난 성격과 능력을 갖고 죽을 때까지 살아야 하잖아.

하지만 이건 좀 이상하지 않니? 아니, 아주 많이 이상하지.

나는 주변에서 대범한 성격으로 활발한 활동을 하는 어른들을 종종 만나는데, 그분들 중에는 어렸을 때 소심했고 부끄럼을 많이 타는 성격이었다고 고백하는 분이 꽤 많아. 그런 성격이 자라면서 사회생활을 하는 동안 많이 바뀌었다는 거야.

욱이는 운동할 때 선생님께 폐활량이 크다고 칭찬받았지? 태어날 때부터 폐활량이 큰 게 아니었잖아. 넌 아기였을 때 호흡이 약하고 짧았어. 그래서 수영을 시켰는데 지금은 또래보다 폐활량이 늘어나서 운동을 잘하잖아.

그러니까 사람은 변하는 거야! 능력이 없던 사람도 얼마든지 능력을 가질 수 있어. 성격도 얼마든지 바꿀 수 있어. 성격이 원래 그렇다는 둥 능력이 없어서 못 한다는 둥 그런 건 다 핑계야. 핑계에 빠진 사람은 행복해질 수 있는 기회를 놓치고 불행에 빠져 사는 거야. 변화하겠다는 용기가 부족한 거야! 행복해지고 싶다면 이렇게 외쳐!

"변할 수 있다! 난 얼마든지 더 나아질 수 있다!"

아 참, 아까 너희가 뭘 물어봤더라? 그렇지. 공부를 못해서 고민이라고. 일단 태어날 때부터 공부를 못하는 능력을 갖고 태어난 사람은 없다는 건 알았지? 설사 그렇다고 하더라도 얼마든지 바꿀 수 있다는 것도 알았지?

중요한 것은 '너희가 왜 공부를 못하느냐?'가 아니라 '왜 공부를 싫어하느냐?'라는 거야. 사실 솔직하게 말하자면 아빠도 학교 다닐 때 공부가 싫었어. 진짜야.

아빠 친구 중에 전교 1등을 놓치지 않던 친구가 있었는데 그 친구 별명이 쉬학과 잠수함이었어. 수학 교과서가 보기 싫어서 표지의 수학을 수함으로 바꾸더니 그 앞에 '잠' 자를 써서 잠수함이라고 써서 다녔지. 그러다가 2학기 교과서에는 수학에 'ㅣ'과 'ㄴ'을 써서 쉬학이라고 바꾸더구나. 늘 전교 1등을 했던 친구조차 수학을 싫어했어.

어른들에게 수학이 즐거웠냐고 질문하면 선뜻 고개를 끄덕이는 분은 거의 없어. 수학이란 말만 들어도 가슴이 답답해지거나 자신감이 없어지는 사람도 많아. 그러니까 지금 너희들이 수학을 싫어한다면 그건 지극히 정상이야.

수학이 싫어질 수밖에 없는 건 당연해. 우선 비슷한 형식의 문제를 지겹도록 풀잖아. 정답이 여러 개이면 좋은데 딱 하나밖에 없어. 그런데 틀리면 혼나거나 수학에는 소질이 없다는 소리를 듣는 부담감이 마구 짓누르지. 상황은 이러한데 수학이 즐겁다고 말한다면 그게 오히려 이상할 거야.

수학을 비롯해서 지금 우리나라의 교육은 좋아하고 즐길 수 있는 분위기가 아니야. 학교 교육이 대학 입학 시험을 보기 위한 공부로 변했기 때문이야. 그래서 대학에 입학한 후에는 수학이나 과학이 필요한 학생이 아니라면 거들떠보지도 않게 돼.

연구실에서 이런 실험을 했어. 두 팀으로 나눠서 퍼즐을 풀게 한 거야. 한쪽 팀에게는 퍼즐을 다 풀면 돈을 준다고 했고, 다른 쪽 팀에게는 퍼즐을 풀어도 아무런 보상을 주지 않는다고 했어. 너희는 어떤 팀이 더 열심히 퍼즐을 풀 것 같니? 돈을 준다고 한 팀이 열심히 풀 것 같니?

돈을 받으려고 퍼즐을 푸는 팀은 실험 시간에 열심히 퍼즐을 풀었어. 하지만 쉬는 시간에는 아무도 퍼즐을 풀지 않고 다들 놀기만 했지. 그런데 아무런 보상을 주지 않겠다고 한 팀은 실험 시간은 물론 쉬는 시간에도 퍼즐을 풀더라는 거야. 퍼즐 푸는 걸 진심으로 즐겼던 거지.

우리는 이 실험을 통해 공부의 목표를 무엇에 두어야 할지 알 수 있어. 단지 시험을 보겠다, 좋은 대학에 가겠다는 목표로 공부한다면 지겨울 수밖에 없지. 하지만 공부가 세상을 살아가는 데 꼭 필요한 능력을 갖게 해 준다면 흥미롭고 재미있을 수도 있어.

4차 산업 혁명 시대를 준비하기 위해서 우리나라 교육은 달라져야 해. 시험을 보기 위해 공부하는 게 아니라 세상을 배우기 위해 공부하는 거지. 공부하는 방법도 달라져야 해. 암기와 문제 풀이 방식의 교육이 아니라 생각하고 토론하며 발표하는 방식의 교육이 되어야 해.

너희가 살아갈 미래 사회에서 부딪히는 문제들은 매우 복잡하고 다양하며 한 번도 경험해 보지 않은 낯선 것일 수가 있어. 다양한 영역이 서로 얽히면서 복합적일 거야. 어른이 되어 어떤 직업을 갖더라도 이런 문제들을 겪게 돼.

그럼 어떤 사람이 성공하고 어떤 사람이 행복해질까? 자신에게 닥친 문제들을 제대로 해결하는 능력을 가진 사람이 성공하고 결국 행복해지는 거지. 문제 해결 능력이란, 문제를 잘 파악해서 해결의 실마리를 찾고 다른 사람과 의사소통을 잘하는 능력이야.

이런 능력은 단순히 지식을 많이 쌓는다고 생기는 것은 아니야. 단순한 지식 축적은 오히려 문제를 더 어렵게 파악하게 하고 해결 방법을 더 복잡하게 만들기도 해.

2020년에 필요한 기술 중에서 1위는 복잡한 문제를 해결하는 능력이야. 문제 해결 능력을 기르기 위해서는 단순히 시험을 보기 위해 공부하는 것이 아니라 창의적 상상력과 논리적 사고력을 갖추는 공부를 해야 해. 그러려면 세상을 제대로 볼 수 있도록 융합형 교육을 받아야 해. 음악, 미술, 문학, 철학, 과학 등과 연결되는 지식망을 통해 세상을 배워야 해.

욱: 창의적 상상력? 논리적 사고력? 무슨 말인지 모르겠어요.

민: 난 아는데! 융합이란 말은 들어 봤거든! 여러 가지를 섞는다는 거 아니에요?

욱: 섞는다고 다 융합이게? 자장면과 짬뽕 섞으면 그게 융합이냐? 개밥이지.

나무는 볼 수 있지만 숲은 볼 수 없다는 말을 들어 본 적이 있지? 예전의 교육 형태는 나무는 볼 수 있어도 숲은 볼 수 없었어. 한마디로 한 분야의 전문 지식을 쌓아 그 분야만 파악할 수 있었다는 뜻이지. 하지만 융합 교육은 기초 과학과 기술, 공학, 예술 등을 연결해서 커다란 숲을 볼 수 있는 능력을 키워 주는 거야.

지금 전 세계는 '융합'으로 발전하고 있어. 스마트폰, 태블릿, 자동차, 냉장고 등 온갖 융합 제품들이 우리 주변에 쏟아지고 있어. 여러 기능을 합친 제품들은 편리함과 즐거움을 가져다 주었지. 융합 기술은 우리의 삶과 사회 구조를 완전히 바꾸고 있어. 그래서 학교에서도 융합 인재 교육이 시작되었지.

융합 교육을 줄여서 스팀(STEAM)이라고도 부르는데 과학(Science), 기술(Technology), 공학(Engineering), 예술(Arts) 나아가 수학(Mathematics)을 연결해서 사고력을 키우고 창의적인 문제 해결 능력을 갖추게 하는 것이 목표야.

공부는 학교나 교과서에서만 배우는 게 아니야. 우리 주변의 물건들, 생활 모습, 사회 변화에 대해 '왜?'라는 질문을 던질 수 있어야 해. 세상에 일어나는 현상의 비밀을 알아보려는 '융합형 사고'를 해야 해. 그래야만 생각하는 힘과 창의력, 복잡한 문제를 꿰뚫어 볼 수 있는 통찰력과 놀라운 발상을 하는 상상력으로 가득 찬 융합형 인재가 될 수 있어.

너희는 천재 물리학자인 알버트 아인슈타인의 이름을 들어 봤을 거야. 사람들이 아인슈타인에게 어느 정도 머리가 좋냐고 물어봤어. 그러자 아인슈타인은 수줍어하면서 자기는 사실 머리가 좋지 않다고 대답했어. 대학에 들어가려고 시험을 봤지만 떨어진 적도 있다는 거야. 아인슈타인은 자신이 다른 사람과 구별되는 점이 있다면 단지 궁금한 게 생겼을 때 다른 사람들보다 더 오래 생각한다는 것밖에 없다는 거야.

이게 무슨 뜻일까? 궁금한 게 있으면 그냥 넘어가지 않는다는 뜻이야. 어떻게 해서든지 알아내기 위해 인내심을 갖고 끝까지 파고들어 공부하는 것이 바로 융합 인재가 되는 비밀이야.

미래 사회에서 핵심이 될 융합 과학 기술들을 알아보자. 이 기술들을 자세히 알게 되면 앞으로 직업이 어떻게 변화할지 알 수 있을 거야.

미래를 내다보고 모든 것을 예측하는 빅데이터

욱: 사이버 세계에도 석유가 펑펑 나온대!

민: 말이 되니? 석유는 사막이나 바다에서 나오는 거잖아.

욱: 아빠, 사이버 세계에서 빅데이터라는 석유가 펑펑 나온다는 게 맞나요?

그 질문에 대답하기 전에 범죄자들을 추적하는 미래 기술부터 말해 줘야겠구나. 미국 국세청은 세금을 내지 않는 사람들 때문에 골치를 앓고 있었지. 세금을 걷으려 하면 사람들이 정말 교묘한 방법으로 도망쳐 버렸던 거야. 그런데 지난 2011년 대용량 데이터와 정보 통신 기술을 결합해 '통합형 탈세 및 사기 범죄 방지 시스템'을 만든 후부터 세금을 내지 않고 도망치는 사람이 엄청나게 줄어들었어.

어떻게 된 일이냐고? 방법은 아주 간단했어. 빅데이터를 활용해서 세금을 내지 않는 사람들의 페이스북이나 트위터를 통해 관련된 예금 계좌, 주소, 전화번호, 납세자의 인맥 등을 분석해 고의로 세금을 내지 않고 도망친 사람을 찾아낸 거야. 덕분에 미국 국세청은 연간 3,450억 달러에 이르는 세금 누락을 잘 막아낼 수 있었지.

공상 과학 영화 〈마이너리티 리포트〉에서는 빅데이터를 이용하는 여러 가지 사례를 볼 수 있어. 범죄자의 행동을 분석하여 비슷하게 움직이는 사람이 있으면 예비 범죄자로 등록해 미리 감시하기도 하고, 사람들의 생활 유형을 분석해 음식점이나 옷 가게의 광고 영상을 보여 주기도 해. 〈마이너리티 리포트〉의 영화 장면들이 점점 현실이 되고 있어.

바로 지금 이 순간에도 디지털 세상에서는 엄청난 양의 데이터가 계속 만들어지고 있어. 시간마다 뉴스 기사가 인터넷 신문에 올라오고, 각종 자료들이 발표되고, 누군가는 일기처럼 글을 쓰겠지. 또 누군가는 물건을 팔기 위해 자료를 올릴 것이고, 또 누군가는 발표하기 위해 자료를 만들 수도 있어.

이런 자료를 나 혼자 만들어 내는 것이 아니라 우리나라 사람들 아니, 세계 인구의 대부분이 만들고 있다고 생각해 보렴. 그 엄청난 양의 데이터를 하나로 모으면 얼마나 거대해지겠니. 사람들은 이것을 '빅데이터'라고 불러.

빅데이터에는 신문이나 텔레비전, 책 내용뿐 아니라 작은 그

다양한 인터넷 소셜 미디어를 통해 생산되는 빅데이터

림, 동영상, 숫자, 짧은 글까지 다양한 것들이 포함되어 있어. 형태도 내용도 모두 달라.

그런데 이 데이터가 하나씩 있을 때는 단순한 그림이나 숫자에 불과하지만 한꺼번에 모아 놓으면 엄청난 힘을 발휘할 수 있어. 빅데이터를 분석하면 사람들이 무엇을 생각하며, 무슨 행동을 했는지 알아낼 수 있거든. 심지어 앞으로 무슨 일이 벌어질지 예측하는 것도 가능해지지.

이미 여러 나라에서 빅데이터를 활용한 다양한 정책이 시행되고 있어. 국제 행사가 있을 때에는 시간별로 교통량과 이용자를 분석하여 교통 대책을 세우기도 하고, 수십 년간의 날씨 상황을 분석해 홍수 대책을 세우기도 해.

우리나라에서는 대통령 선거가 있을 때 누가 대통령으로 당선될 것인지 미리 알아보기 위해 네이버나 포털 사이트의 빅데이터를 활용하기도 했어.

빅데이디는 미래 사람들의 일상생활에도 영향을 줄 거야. 영화 〈마이너리티 리포트〉에서 주인공 형사는 예지몽을 꾸는 세 자매가 미리 범죄를 저지를 사람이 누군지 알려 주면 그 사람을 잡으러 가지. 사람들은 범죄자가 될 사람이 범죄를 저지르기 전에 붙잡는다는 건 영화 속에서나 가능한 일일 거라고 생각했어. 그러나 빅데이터를 이용하면 이런 일이 얼마든지 가능해져.

실제로 로스앤젤레스 경찰청(LAPD)은 빅데이터를 분석해 범죄 발생 가능성을 점치는 '범죄 예측 프로그램'을 만들었어. 이미 벌어진 범죄 종류와 범행 시간, 장소를 분석해 범죄 발생 확률을 실시간으로 순찰차에 보내 주는 거야. 그러면 순찰 중인 경찰관은 범죄 발생 확률이 높은 지역을 집중적으로 순찰하지. 이 데이터를 활용했더니 놀랍게도 범죄가 눈에 띌 정도로 줄었다고 해.

또 빅데이터를 활용해 미래의 고객을 끌어들이는 상점도 있어. 요즘은 상점에서 할인 행사를 하면 근처를 지나가는 고객의 휴대전화로 할인 쿠폰이나 행사 알림장 등이 발송되기도 해. 그러면 지나가던 사람들이 상점에 들러서 물건을 사게 되는 거지.

아 참, 너희의 질문에 대답을 해 줘야겠구나. 빅데이터는 석유가 아니라 사이버 세상의 '원유'라고 해. 원유를 가공하면 석유도 되고 휘발유도 되잖아. 그런 것처럼 빅데이터를 어떤 식으로 가공하느냐에 따라 다양한 발전이 가능하다는 말이지. 미래에는 증강 현실과 결합되어 더욱 생생하고 활동적인 서비스로 제공될 예정이라니 앞으로 수많은 분야에 쓰이게 될 거야.

인간의 능력을 뛰어넘는 인공 지능 컴퓨터

욱: 인공 지능 컴퓨터가 아무리 똑똑해도 사람보다 똑똑해지지는 않겠지?
민: 만약 사람보다 똑똑해지면 사람이 인공 지능 컴퓨터 밑에서 노예처럼 일해야 하는 거 아니야?
욱: 그러면 더 똑똑한 인공 지능 컴퓨터를 만들면 되지!
민: 뭐래? 오빠 같은 사람 때문에 미래가 암울한 거야.

수십 년 전부터 사람들은 인간과 컴퓨터의 대결을 늘 궁금해했지. 과연 컴퓨터를 만든 인간이 컴퓨터보다 똑똑할까, 아니면 컴퓨터가 인간보다 똑똑할까?
알파고와 바둑 기사 이세돌의 대결은 이런 궁금증을 시원하게 해결해 주었어. 지금까지 바둑은 인간만이 할 수 있는 지능 게임이라고 생각했지. 바둑판에서 일어날 수 있는 상황이 무려 10의 170제곱에 이를 정도로 많거든. 사람이 만들 수 있는 프로그램에는 한계가 있으니 결국 사람이 만든 컴퓨터에도 한계가 있을 거라는 게 대체적인 생각이었어. 그래, 사람들은 아무리 뛰어난 바둑 프로그램을 만들어도 컴퓨터가 인간을 이길 수 없으리라 생각했던 거야.

그런데 2016년 3월, 사람들은 전혀 예상 밖의 결말을 보게 되었지. 우리나라 이세돌 9단에게 도전장을 내민 알파고가 승리한 거야. 물론 다섯 판 중에 한 판은 이세돌 9단이 이겼지만 그건 정말 어려운 승리였어. 사람들은 설령 알파고가 이세돌 9단을 이기

더라도 한 번 정도 간신히 이길 거라 예상했는데 결과는 정반대였던 거야.

기계가 인간의 두뇌를 이긴 역사적인 사건이 되었지. 이세돌과의 대결 이후 15개월 만에 알파고는 세계 1위의 중국 커제 9단까지 3전 3승으로 이겨 버렸어. 이제 컴퓨터는 인간보다 더 뛰어난 두뇌를 갖게 된 것일지도 몰라.

알파고는 구글의 딥마인드라는 회사에서 만든 인공 지능 바둑 프로그램이야. 딥마인드는 신경 과학자와 인공 지능 전문가가 함께 만든 회사지. 그들은 인간처럼 복잡한 상황에 반응할 수 있는 인공 지능 프로그램을 만들기 위해 노력해 왔어.

딥마인드에서 개발한 인공 지능 프로그램의 핵심은 인간의 신경망처럼 촘촘하고 복잡하게 만들어진 프로그래밍과 스스로 공부할 수 있는 딥러닝 기술이야.

기술자들은 인공 지능 프로그램 알파고에 바둑 프로그램을 입력한 뒤 다른 바둑 프로그램과 계속 대결하도록 만들었지. 그러자 알파고는 입력된 정보를 바탕으로 계속 반복 학습을 하며 스스로 바둑 실력을 키워 나갔어.

사람은 하루에 공부할 수 있는 양이 한정되어 있지만 알파고는 24시간 내내 쉬지 않고 공부할 수 있었지. 이 점은 우리 욱이 민이가 제일 부러워하겠구나. 너희 둘은 내내 놀다가 시험 기간에만 잠도 자지 않고 밥도 먹지 않고 바짝 공부해서 좋은 성적이 나왔

LG전자가 개발한 인공 지능 안내 로봇과 청소 로봇 © LG전자 홈페이지 뉴스

으면 좋겠다고 입버릇처럼 말하잖니.

   이세돌 9단과의 시합은 알파고에게 아주 좋은 학습 기회였지. 이세돌을 이긴 알파고는 자신과 가상 대결을 하면서 새로운 방법을 찾기 시작했어. 그리고 15개월 만에 세계 바둑 챔피언인 중국의 커제 9단을 꺾을 만큼 뛰어난 실력을 갖게 된 거야.

   알파고를 통해 인공 지능의 위력을 실감한 사람들은 인공 지능에 더욱 열광하고 있어. 구글을 비롯해 마이크로소프트, IBM 등 컴퓨터 관련 회사뿐 아니라 자동차, 로봇, 가전제품 등 다양한 분야의 회사에서도 인공 지능을 연구하고 있지.

   이런 인공 지능 기술이 다양한 사물에 적용되면 어떻게 될지 궁금하지? 먼저 이 기술이 자동차에 적용되면 차에 탄 사람들의 감정에 따라 음악과 온도, 습도를 조정해 줄 수 있는 인공 지능 자동차가 개발될 거야. 이미 개발이 꽤 진행된 상태라고 하더구나.

또 말하는 인공 지능 로봇도 개발되고 있지. 말하는 인공 지능 로봇은 각종 안내 센터에 세워질 예정이라고 해. 고객이 질문하면 상냥하고 친절하게 대답해 주는 거지. 이런 식으로 다양한 분야와 접목된 인공 지능 기술은 새로운 서비스 형태로 발전하고 있어.

참, 인간 바둑 챔피언을 이긴 알파고는 바둑계를 은퇴했어. 알파고는 자기들끼리 펼쳤던 50개의 기보를 인간에게 선물로 남겼지. 인간 바둑 기사들은 컴퓨터가 남긴 50개의 기보를 바탕으로 오히려 새로운 바둑 기법을 연구하고 있다고 해.

사람들은 인간보다 뛰어난 인공 지능 컴퓨터가 인간을 지배하는 것 아니냐고 걱정해. 하지만 인공 지능 컴퓨터 역시 인간이 개발하는 것이잖니. 다양한 감시 장치와 견제 시스템을 잘 만들어 이용한다면 생활에 편리함과 큰 도움을 줄 수 있을 거야.

> **❓ 아빠의 깜짝 질문**
>
> 인공 지능 기술의 발달로 미래에는 변호사, 판사, 세무사가 사라질 직업 중 하나라고 해. 그런데 말이야, 감정에 치우치지 않고 법전에 쓰여진 대로 처리하는 로봇 판사가 공정한 것일까? 아니면 범인의 개인 환경이나 상태를 종합적으로 고려해 판결을 내리는 사람이 공정한 것일까? 사람의 죄를 로봇이 판단한다는 게 과연 이치에 맞는 일일까?

또 하나의 현실 세계, 가상 현실과 증강 현실

민: 까아악! 깍! 까아악! 좀비다! 좀비!
욱: 으, 침 튀잖아. 그만해라. 가상 현실이잖아.

아빠는 가상 현실 장치(Virtual Reality)로 축구하는 게 제일 재밌더라. 고글처럼 생긴 장치를 머리에 쓰니까 유럽의 축구장이 펼쳐져. 월드컵에 나가서 호나우두, 메시 같은 유명한 축구 선수들이랑 패스를 주고받으면서 경기하니까 10만 관중의 환호성이 터지고 이건 뭐 스타가 따로 없었지. 남들이 보기엔 눈에 이상한 장치를 쓰고서 허우적거리는 것 같겠지만 가상 세계에서 벗어나고 싶지 않더라.

가상 현실 장치의 헤드셋 안에는 화면을 보여주는 스크린이 달려 있지. 마치 컴퓨터 속이나 상상 속 세상에 들어가 있는 것처럼 느껴져. 눈앞에 바다 속 모습이 펼쳐지기도 하고, 로마의 전투사들이 격투하던 넓은 원형 경기장이 펼쳐지기도 하지. 또 아슬아슬한 절벽에 서 있는 광경이 보이기도 하고 말이야.

가상 현실 장치는 원래 군사 훈련용으로 개발되었던 프로그램이야. 지금은 게임을 비롯해 교육이나 훈련에 이용할 수 있는 다양한 콘텐츠로 개발되고 있지.

사람들은 실제로 경험할 수 없는 세상을 마치 진짜처럼 느끼도

록 만들어 주는 이 장치에 큰 매력을 느끼고 있어. 요즘은 고글이나 장갑, 헤드폰 등 여러 가지 가상 현실 장치를 이용해 눈으로 보는 것뿐만 아니라 소리도 듣고, 손으로 진짜 만지는 것처럼 생생한 촉감까지 느낄 수 있다더구나.

이건 아빠 생각인데 어쩌면 미래 세계에는 여행 상품이 사라질지도 몰라. 가상 현실 장치만 있으면 너희가 가고 싶은 곳 어디든 갈 수 있게 될 테니까. 실제로 유럽의 원형 경기장에서 경기를 보고, 프랑스의 루브르 박물관을 구경하고, 독일에서 맥주를 마시는 것과 똑같은 경험을 할 수 있을지도 몰라.

가상 현실과 함께 '증강 현실 기술'이란 것도 주목받고 있어. 증강 현실과 가상 현실의 차이가 뭘까? 현실이라는 말이 똑같이 붙어 있어서 헷갈릴 수 있지만 두 기술은 전혀 다른 기술이야.

가상 현실이 상상 속의 세상을 나타내 준다면 증강 현실은 현실 세계를 꾸며 준다고 할 수 있어. 즉 현실에 새로운 정보를 보태 주는 기술이지.

예를 들어 사람의 얼굴을 카메라로 비추면 그 사람의 정보가 뜬다거나, 특정 건물을 스마트폰으로 찍으면 각 층에 무엇이 있는지 알려 주는 것처럼 말이야.

몇 해 전에 세계적으로 엄청난 인기를 끌었던 포켓몬 고는 증강 현실 기술을 이용한 게임이었어. 너희가 아빠한테 포켓몬이 많이 나오는 곳에 데려다 달라며 졸랐던 거 기억하지?

너희는 포켓몬이 나타났다면서 위험한 차도로 차를 보지도 않고 마구 뛰어들고, 남의 집 옥상에도 마구 올라갔지. 결국 엄마한테 혼났던 게 생각나는구나.

증강 현실은 게임뿐만 아니라 실제 생활에서 다양하게 이용되고 있어. 예전에는 현실 세계의 이미지에 원하는 정보를 덧붙여 보는 시각형 증강 현실이 많았지. 옷을 직접 입어 보지 않고도 가상으로 새로운 옷을 입거나 머리 모양을 마음대로 바꾸어 볼 수 있는 프로그램 말이야.

최근에는 사물 인터넷 기능이 결합되면서 증강 현실 기능이 다양한 형태로 발전하고 있어. 휴대 전화에 향기 캡슐을 부착하면 메시지와 기분에 따른 향기를 보낼 수 있어. 또한 특별한 반지 두 개를 블루투스로 휴대 전화에 연결하고 내 반지를 두드리면 상대방 반지가 진동하고 감정에 따라 색이 바뀌어 반짝이기도 하지.

미래에는 증강 현실과 가상 현실이 더 많이 사용될 예정이라고 해. 스마트폰이나 컴퓨터를 이용하지 않아도 가상 현실 장치만 쓰고 있으면 필요한 정보가 나타나고, 내가 좋아하는 가게 앞을 지나갈 때 증강 현실 영상에서 물건을 싸게 살 수 있는 할인 쿠폰이 나타날 수도 있겠지.

사물 인터넷과 증강 현실, 가상 현실이 결합된 새로운 서비스는 우리 생활을 더욱 편리하게 바꾸어 줄 거야. 어때, 미래 세상이 기대되지?

컴퓨터로 돈을 캔다, 가상 화폐 비트코인

민: 오빠, 기억나? 일곱 살 때 10억 원 잃어버렸다고 울고불고 난리를 치면서 가출한다고 했잖아.

욱: 나의 흑역사였어. 그만 잊어!

아빠도 기억나는구나. 부동산 보드게임을 해서 번 돈이었는데 엄마가 게임을 너무 많이 한다고 쓰레기통에 버렸지. 그깟 가짜 돈이 뭐가 중요하냐고 엄마가 무시하니까 욱이는 아니라면서 찾아내라고 난리를 쳤어. 치킨을 사 주고 겨우 달랬지.

게임 돈은 실제 생활에서 쓸 수 없지만 게임에서는 막강한 힘을 갖는 가상 화폐잖아. 그런데 게임 돈처럼 실제 돈이 아닌데도 현실에서 막강한 가치를 지니는 돈이 있어. 1비트코인이 자그마치 미국 돈 500달러와 맞먹는 가치를 갖고 있다니 얼마나 대단한지 알겠니?

비트코인은 비트와 코인의 합성어야. 온라인상에서 거래되는 가상 화폐를 말하지. 가상 화폐는 우리에게도 조금 익숙한 거래 수단이야. 페이스북에서 사용할 수 있는 페이스북 크레딧이나 카카오의 초코 같은 것이 모두 가상 화폐의 한 종류니까 말이야.

가상 화폐는 눈으로 보이지는 않지만 페이스북이나 카카오톡에서 이모티콘이나 꾸밈 아이템 같은 것을 살 수 있어. 다만 이런

온라인에서 거래되는 가상 화폐인 비트코인

가상 화폐들은 정해진 곳에서만 사용할 수 있다는 단점이 있어서 일반 화폐로 인정받지 못하고 있지.

같은 가상 화폐지만 비트코인은 페이스북 크레딧이나 카카오 초코와 몇 가지 점에서 다른 특징을 갖고 있어. 비트코인은 현실에서도 돈처럼 사용할 수 있거든.

특이하게도 이러한 비트코인은 따로 발행하는 회사가 없어. 페이스북이나 카카오처럼 특정 회사에서 현금으로 구입하는 것이 아니라 누구라도 지갑을 만들고 비트코인을 발행할 수 있는 거야.

개인이 비트코인을 발행하려면 수학 문제를 풀어야 해. 이 수학 문제가 컴퓨터 몇 대를 가동해야 풀 수 있을 만큼 어렵다는 게 제일 큰 문제이지.

아, 비트코인이 일반 화폐와 다른 점이 하나 더 있구나. 비트코인은 일반 화폐처럼 무한정 발행하는 것이 아니어서 2100만 비트코인이 발행되면 더 이상 발행할 수 없어. 현재 1200만 비트코인 정도 발행되었으며, 많은 사람들이 이 비트코인을 발행하기 위해 열심히 수학 문제를 풀고 있어.

비트코인을 얻는 것이 마치 광산에서 보석을 캐는 것과 같다고 해서 비트코인을 캔다고 표현하며, 캐는 사람을 광부에 비유하기도 해. 비트코인은 사토시 나카모토라는 사람이 개발했어. 사실 사토시 나카모토가 한 명인지 아니면 단체인지 알려지지 않았고 일본인인지 미국인인지 유럽인인지도 확실하지 않아. 그저 이름을 그렇게 발표했을 뿐이거든.

디지털 세상에 존재하던 비트코인은 실제 생활에서도 막강한 힘을 갖게 되면서 현실에서 이용되는 화폐로 변하고 있어. 사람들은 4차 산업 혁명 시대의 새로운 결제 수단이 될 것이라며 큰 관심을 보이고 있지. 거기에다 최근 들어 해커들까지 인터넷에서 거래할 때 비트코인을 요구하면서 비트코인에 대한 사람들의 관심이 급격히 높아졌지.

2016년부터 전 세계는 랜섬웨어라는 바이러스에 속수무책으로 당했어. 해커들은 다른 사람의 컴퓨터 속 데이터에 암호를 설정한 후 돈을 보내지 않으면 암호를 풀어 주지 않겠다며 협박했어. 데이터를 인질로 삼는 바이러스라 해서 랜섬웨어라 불러. 랜섬웨어를 퍼트린 해커들은 암호와 비트코인을 서로 맞바꾸자며 협상을 요구하기도 했어.

이렇듯 비트코인이 미래의 새로운 결제 수단으로 관심을 끄는 데는 몇 가지 이유가 있어. 우선 은행이나 주요 공공시설의 해킹 사건이 늘어나면서 보안에 대한 관심이 높아지고 있잖니. 비트코인의 가장 큰 장점은 해킹당할 염려가 없고, 누군가 거래를 조작할까 걱정할 필요도 없다는 거야.

비트코인이 거래하는 방식을 블렉 체인이라고 해. 10분에 한 번씩 전체 거래 장부가 블록 단위로 기록되는 시스템이야. 이 장부는 대중에게 공개되며 새로 저장될 때마다 이전 블록이 암호화되어 저장돼. 누군가 이 시스템을 해킹한다고 하더라도 조금 전까지 기록되었던 자료가 개인 각자에게 저장되어 있어서 아무 의미 없는 행동이 되어 버리는 거야.

비트코인에서는 계좌를 '지갑'이라고 불러. 지갑마다 고유한 번호가 있는데 숫자와 영어 알파벳 소문자, 대문자를 조합해 약 30자 정도로 이루어지지.

비트코인은 개인 대 개인이 거래하는 것이기 때문에 복잡한 절차를 거칠 필요가 없어. 다른 은행처럼 주민번호나 이름 없이도 비트코인 지갑을 만들 수 있어서 누가 지갑의 주인인지 알 수 없어. 그래서 비밀 거래를 원하는 사람들에게 인기 있는 지불 수단이 되고 있지.

이미 많은 나라에 비트코인을 거래하는 거래소가 등장했고, 실제 비트코인을 받는 상점까지 등장하며 비트코인은 가상 화폐를 넘어 실거래 화폐의 기능까지 담당하고 있어.

하지만 최근 늘어 비트코인에 대한 여러 가지 문제가 지적되며 값이 떨어지는 문제가 생겨났어. 중국에서 비트코인 거래소를 폐쇄했고 비트코인은 투기성 상품이라 곧 폭락할 것이라는 전문가들의 의견이 비트코인의 가격을 떨어뜨리고 있지.

비트코인을 거래할 때 개인 정보가 노출될 염려가 없어 랜섬웨어 바이러스 제작자들처럼 범죄자들의 거래 수단으로 악용될 가능성도 높아진대. 그러나 한 가지 확실한 것은 미래에는 종이 화폐 말고 새로운 화폐가 생겨날 거라는 거야. 무엇이 될지는 모르지만 아마 엄청난 가치를 지니는 새로운 화폐가 생겨나고 경제의 원동력이 되겠지.

혼자 날아다니는 작은 항공기, 드론

욱: 19층 아파트의 창문을 누군가 두드린다면? 무섭겠지? 창문을 열면 피, 피, 피…….

민: 피자가 쑥 날아온다고? 드론 말하려는 거지?

피자가 먹고 싶은 거니, 드론이 알고 싶은 거니? 머지않아 주문한 지 5분 만에 피자 배달부가 아니라 작은 비행 물체가 피자를 움켜쥐고 우리 집 거실로 등장하는 시대가 열릴 거야. 이것은 피자 박스만 한 몸체에 집게발을 갖고 있는 드론이야.

너희도 알지만 드론은 무선으로 조종할 수 있는 무인 항공기야. 사람은 보통 탈 수 없고 멀리서 무선으로 조종만 가능하지. 마치 무선 자동차를 움직이듯 말이야. 사람이 타지 않아도 되기 때문에 드론의 크기는 아주 다양해. 파리만큼 작은 것에서부터 사람을 태울 수 있을 만큼 큰 것까지 천차만별이지. 드론은 벌이 날아다닐 때 내는 윙윙거리는 소리를 뜻해. 작은 비행 물체가 날아다니는 모습을 보고 사람들이 붙인 이름이지.

몇 년 전부터 아마존을 비롯한 페이스북, 구글 등 첨단 IT 기업들이 드론에 관심을 보이면서 4차 산업 혁명에서도 중요한 역할을 담당할 것이라 기대하고 있어.

드론은 원래 군사용으로 개발되었던 거야. 물체를 추격해서 공격하는 미사일의 목표물로 사용되었지. 나중에는 드론에 직접 미사일을 장착해 공격기로 사용하거나 적군에 정찰기로 보내기도 했어.

그런데 2000년대 중반부터는 드론의 사용 용도가 다양해졌어. 군사용으로 사용되던 드론이 지진이나 산불 현장과 같이 사람이 수색하기 어려운 곳에 투입되는 등 다양하게 이용되었고, 어떤 사람들에겐 색다른 취미가 되었지.

드론은 어떻게 다양하고 복잡한 임무를 처리할 수 있는 것일까? 드론 안에는 사람의 눈을 대신해 줄 카메라와 주변 상황을 감지할 수 있는 여러 가지 센서들, 사람이나 기계와 통신할 수 있는 무선 통신 시설이 설치되어 있어.

드론은 장착된 카메라를 이용해서 주변을 촬영한 다음, 사진을 컴퓨터로 전송할 수도 있어. 또 여러 가지 센서로 감지한 정보를 우리에게 보내 주기도 하지. 덕분에 드론에 직접 타고 있지는 않지만 드론이 보내 준 정보를 이용해 마치 그곳에 있는 것처럼 판단하고 필요한 조치를 할 수 있는 거야.

아, 이걸 예로 들면 이해가 빠르겠구나. 얼마 전 북한에서 드론이 날아와 청와대 근처의 사진을 찍고 갔대. 드론이 워낙 작아서 경비 레이더에 제대로 포착되지 않았기 때문에 청와대를 지키는 경비원들은 이 사실을 감쪽같이 몰랐다고 해. 그런데 드론 중 하나가 날아가다가 추락하는 사고가 있었어. 그때 추락한 드론을 살펴보다가 청와대 근처의 사진을 찍어서 전송했다는 사실이 밝혀지게 된 거지.

2016년 아마존에서는 처음으로 드론을 이용한 배달에 성공했다고 발표했어. 많은 기업들이 드론을 이용해 여러 가지 제품들을 배송하는 실험을 해 왔지만 실제로 드론이 상품 배송에 성공한 것은 처음이었어.

영국 캠브리지 교외 지역에 텔레비전 셋톱박스(디지털 위성 방송용 수신 장비)와 팝콘을 배달하는 것이 드론의 첫 임무였는데, 상품을 주문한 고객은 주문한 지 13분 만에 상품을 마당에서 받을 수 있었다고 해. 뉴질랜드에서는 25km나 떨어진 곳까지 드론이 피자를 배달하기도 했어.

최근 모스크바에서는 한두 명의 사람을 태울 수 있는 커다란 드론을 자율 운항 비행 택시로 이용하겠다고 발표했다더구나. 도로가 꽉 막혀 있는 상황에서 가끔 하늘을 날아갈 수 있다면 얼마나 좋을까 상상하곤 하잖니. 아마 머지않아 하늘을 날아다니는 드론 택시가 서울에도 등장하게 될 거야. 그러나 좀 더 지켜봐야겠다. 드론이 군사용으로 등장한 지 벌써 15년이 지났지만 일상생활에서 활용하려면 조금 더 준비가 필요한 상황이거든.

기술적으로야 물론 완벽하게 준비가 끝났지. 그러나 드론이 날아다니다 사람과 부딪힐 수도 있고 드론끼리 부딪힐 수도 있기 때문에 드론 운행에 대한 규칙과 법적 제도 장치가 필요해. 또 안전하게 드론을 다루기 위해 드론 자격증이 필요하고. 최근 우리나라에도 드론 전문 교육기관은 물론 온라인 자격증 강좌도 생겨났지.

드론을 도입하기 전에 이렇게 까다로운 법과 준비가 필요한 까닭은 드론이 오로지 시킨 대로만 움직이는 기계이기 때문이야. 예전에 전투에서 드론을 폭격기로 이용했더니 사람이 운전하는 폭격기보다 민간인을 더욱 많이 다치게 했다고 해.

드론은 프로그램이 입력된 대로 폭탄을 떨어뜨리기 때문에 그곳에 사람이 있는지 고려하지 않기 때문이야. 이런 까닭에 사람들은 드론을 이용하기 전에 철저히 제도를 정하고 준비해야 한다고 강조하는 거야.

법과 제도만 잘 갖추어지면 드론은 우리 생활을 한층 편리하게 만들어 주는 중요한 장치가 될 거야. 특히 디지털 기술과 결합된 드론은 전 세계에 인터넷 기술을 보급할 수 있도록 도와줄 거야. 이미 구글이나 페이스북은 아프리카 지역에 드론을 띄워 인터넷 중계기로 이용할 계획을 세우고 있다더구나.

어떤 물건이든 출력하는 3D 프린터

민: 무엇이든 넣기만 하면 원하는 물건을 뚝딱 만들어 내는 장치가 있대.

욱: 3D 프린터 말하는 거 아니야? 프린터는 글이나 그림, 사진을 종이에 똑같이 인쇄하잖아. 3D 프린터는 물건을 똑같이 만들어 준대.

3D 프린터는 재료와 도면만 있으면 원하는 물건을 만들어 낼 수 있어. 3D란 3차원을 뜻해. 입체감 있는 상태를 말하는 거지. 3D 프린터를 사용하는 방법은 아주 간단해.

우선 모니터 화면에 3D 도면을 띄운 후 프린트 기능을 실행하면, 컴퓨터가 도면에 그려진 모양대로 한 층 한 층 재료를 쌓아 입체 모양을 만들게 되지.

초기에 3D 프린터는 주로 플라스틱을 이용했다고 해. 플라스틱을 원료로 만든 물건들은 주로 자동차나 기계, 항공 우주 분야의 부품들이었어. 지금은 금속이나 세라믹은 물론 초콜릿, 크림 같은 음식 재료도 3D 프린터의 원료로 사용하고 있지.

다양한 원료를 이용하게 되면서 패션이나 음식, 의료 분야로 이용 범위가 넓어지게 됐지. 얼마 전에는 외국의 어느 레스토랑에서 케이크 위에 올리는 초콜릿 장식과 후식을 3D 프린터로 만들

어 화제가 되기도 했어.

대부분 한 종류의 원료를 이용해 제품을 출력하는 방식인데, 최근 NASA에서는 우주인들을 위해 여러 재료를 이용하는 피자를 프린터로 만들기도 했다고 해.

3D 프린터에 가장 큰 관심을 보이는 분야는 의료 분야야. 3D 프린터를 이용하면 인공 관절이나 손, 혈관 등 사람의 신체를 대신할 인공 장기를 만들 수 있거든. 비록 지금은 비교적 단순한 장기를 복제하는 데 이용되고 있지만 점차 복잡한 장기 복제로 이용 범위가 확대될 예정이라니, 정말 놀랍지 않니?

지금은 심장이나 신장, 간 등 몸속 주요 기관에 심각한 병이 생기면 뇌사자나 장기 기증자가 나타날 때까지 기다려야만 해. 그러나 머지않아 인공 심장이나 신장 등 보다 정교하고 복잡한 인공 장기도 만들어 낼 수 있으리라 기대하고 있어.

3D 프린터가 관심을 끄는 가장 큰 이유는 무엇보다 물건을 생산하는 방식이 새롭게 바뀔 것이라 생각하기 때문이야. 앞에서 설명했던 것처럼 2차 산업 혁명 이후, 인류는 대량 생산 시대를 살고 있어.

하지만 집집마다 3D 프린터가 놓이게 될 2030년 무렵이 되면, 사람들은 프린터로 자신이 원하는 물건을 출력할 수 있게 되겠지. 물건을 만드는 방법이 일률적인 대량 생산에서 개인 맞춤 생산으로 바뀌는 거야.

3D 프린터는 사실 꽤 오래전에 만들어졌어. 1980년대 초 3D 시스템즈라는 회사에서 플라스틱을 재료로 입체 물품을 찍어 냈지. 하지만 워낙 제작비가 비싸서 아무나 쉽게 이용할 수 없었다고 해. 더구나 3D 프린터에 대한 특허권을 3D 시스템즈가 갖고 있어서 다른 회사는 3D 프린터를 개발할 수 없었지.

지금은 특허권 보호 기간이 지나 다른 회사에서도 3D 프린터를 개발할 수 있게 되었어. 그리고 여러 업체에서 다양한 목적으로 3D 프린터를 내놓으면서 프린터 가격 또한 몇백만 원 대로 낮아졌다고 해. 미래에는 보다 발전된 형태면서 가격도 싼 3D 프린터가 집집마다 설치되는 날도 오겠지?

필요한 정보를 전달해 주는 웨어러블 장치들

민: 다이어트하기 정말 힘드네. 저절로 움직이는 신발이 있으면 좋겠어.

욱: 명작 동화에 나오는 춤추는 빨간 구두 같은 신발 말이지?

너희가 말하는 신발이 실제로 존재해. 구글과 아디다스에서 함께 개발한 토킹 슈즈는 일명 말하는 운동화야. 스마트 운동화인데 운동화 안에 블루투스와 스피커, 압력 센서, 가속 센서 등이 들어 있어서 운동하는 사람의 움직임을 파악할 수 있지. 이 운동화를 신고 열심히 뛰면 운동화가 살이 빠졌다고 칭찬하기도 하고, 운동하지 않으면 어서 움직이라 재촉하기도 해.

비가 오거나 먼지가 심한 날에는 집 안에서 운동해도 돼. 이 신발을 신고 가상 현실로 들어가 운동할 수 있거든. 구글의 가상 현실 안경을 사용하면 마치 밖에 있는 것처럼 전혀 새로운 세상이 눈앞에 펼쳐지지. 이런 장치를 '웨어러블 장치'라고 해. 대표적인 것이 스마트 워치야.

지난 2015년 6월, 애플 매장 앞에 수많은 사람들이 밤을 새우며 아주 긴 줄로 서 있었어. 모두 애플 워치를 사기 위한 사람들이었지. 애플 워치는 시계처럼 손목에 찰 수 있는 액세서리를 말해. 스마트폰 없이도 스마트폰의 기능을 대부분 이용할 수 있고, 전용 애플리케이션까지 설치할 수 있어. 한마디로 손목에 차고 다니는 작은 컴퓨터인 셈이지.

웨어러블 장치는 몸에 걸치거나 장착할 수 있는 디지털 장비를 일컫는 말이야. 이것만 있으면 장비를 몸에 가볍게 부착한 상태로 언제 어디서든 필요한 정보를 구할 수 있어.

맨 처음 등장했던 웨어러블 장치는 시계나 헤드셋 같은 액세서리였어. 그런데 점차 팔찌, 안경, 운동화, 옷 등 작고 가벼운 형태로 다양하게 개발되고 있어.

특히 리바이스나 랄프 로렌 등 패션업계에서 웨어러블 시장에 큰 관심을 보이면서 요즘은 스마트 패션이 새롭게 각광받고 있어. 랄프 로렌은 센서 개발업체인 옴시그널과 함께 새로운 형태의 스포츠 셔츠를 개발했지. 이 옷 안의 각종 센서를 통해 옷을 입은 사람의 심장 상태를 비롯해 몸 상태가 어떠한지를 측정하고 알려 줄 수 있어.

최근에는 놀라운 웨어러블 장치가 나와서 눈길을 끌고 있어. 바로 말 못 하는 아기들이 자신의 상태를 표현할 수 있는 옷이야. 아기의 체온을 감지해 옷 색깔을 바꾸기도 하고, 아기의 현재 감정을 표현해 주기도 해. 예를 들어서 화가 나거나 불편해서 체온이 올라가면 옷이 빨간 색으로 바뀌고, 소변을 봐서 옷이 젖으면 파란색으로 바뀌는 거야. 그러면 엄마는 말 못 하는 아기의 상태를 옷 색깔을 보고 파악할 수 있는 거지. 놀라운 스마트 웨어라고 할 수 있지.

  위험한 상황에서 도움을 줄 수 있는 웨어러블 장치도 있어. 구명조끼 안에 위치 추적기가 내장되어 있어서 바다 수영을 하다 조난당했을 때 사람을 쉽게 찾아낼 수 있는 장비도 개발되었고, 어린아이가 입는 옷에 장착된 센서 덕분에 아이가 길을 잃어도 쉽게 찾을 수 있도록 도와 주는 장치도 있어.

  현재 개발된 웨어러블 장치들은 대부분 몸에 부착된 장치를 통해 사용자의 상태를 체크한 후, 체크한 정보를 컴퓨터로 보낼 수 있도록 구성되어 있어.

사용자가 직접 정보를 체크하거나 의사, 감독들이 착용자의 상태를 점검하는 데 이용하는 것이지.

그러나 이러한 웨어러블 장치는 점점 영역이 확대되어 가고 있어. 사람들은 웨어러블 장치가 몸의 상태를 알려 주는 센서 기능을 넘어 미래에는 사람의 능력까지 향상시켜 줄 것으로 기대해.

예를 들면 다리나 팔의 힘이 약해 잘 움직이지 못하는 사람이 다리와 팔에 웨어러블 장치를 착용하면 다리나 팔의 근육을 자극해 더 잘 움직이게 만드는 것이지. 어쩌면 곧 아이언맨이 입는 슈트처럼 강력한 힘을 갖게 만드는 옷이 개발될지도 모르겠어. 그러면 그런 슈트를 입은 악당과 영웅이 동시에 나타나려나?

말하면 알아서 척척 해 주는 나만의 개인 비서

엄마: 휴대 전화야, 오늘 저녁 반찬은 뭐 할지 말해 줘. 요리법도 알려 줘. 이 세상에서 제일 예쁜 엄마가 누구인지 말해 줘.

민: 엄마, 새로 바꾼 휴대 전화가 고장 나겠어요.

엄마는 하루 종일 휴대 전화랑 이야기를 하는구나. 백설공주의 마녀가 거울에게 누가 제일 예쁘냐며 말을 걸듯이 말이야. 아, 물론 엄마가 마녀라는 소리는 아니야.

요즘 휴대 전화에는 인공 지능 기능이 있어서 말만 하면 알아서 척척 처리해 주고, 궁금한 걸 물어보면 대답해 주지. 엄마는 앞으로 건망증 때문에 깜빡하는 일이 없을 거라며 호언장담했어. 과연 새로운 인공 지능 비서가 엄마의 무시무시한 건망증까지 해결해 줄 수 있을까? 그래도 확실히 도움이 될 거라고 믿어.

인공 시능이란 생각하는 능력, 판단하는 능력, 말하는 능력 등 사람만이 갖고 있다고 믿어 왔던 능력들을 컴퓨터 프로그램으로 만든 것이야.

인공 지능 프로그램을 로봇이라는 하드웨어에 설치하면 인공 지능 로봇이 될 수 있어. 또 특정 분야의 프로그램에 생각하고 판단하는 인공 지능 능력을 결합시키면 무엇이든 로봇처럼 대단한 능력을 지니게 되지.

예를 들어서 스마트폰에다가 인공 지능 프로그램을 집어넣으면 아침 7시 반에 굳이 알람을 맞춰 놓지 않아도 스마트폰이 알아서 "주인님, 출근할 시간입니다."라고 주인을 깨울 테고, 약속 시간 10분 전에 알람 메시지를 보내 주겠지. "오늘 약속 있는 거 깜빡하진 않으셨죠?"라고.

최근에 만들어진 '시리'나 '빅스비' 같은 프로그램이 바로 스마트폰에 인공 지능 기능이 탑재된 거야. 시리는 애플의 아이폰에 들어 있는 인공 지능 개인 비서야. 사실 시리가 처음 등장한 것은 꽤 오래 되었어. 2011년부터 나왔으니까. 그때까지만 하더라도 영

어를 비롯해 독일어, 프랑스어 등 지원되는 언어도 적었고 말도 잘 인식하지 못해 장난감 취급을 당했지. 그러나 지금은 지원되는 언어가 38개 언어에 이르며 음성 인식 기술도 좋아져 웬만한 말을 알아들을 수 있을 만큼 크게 발전했어.

시리의 가장 큰 특징은 하고 싶은 일을 말하면 알아서 해 준다는 거야. 비서 역할을 제대로 하려면 우선 여러 나라 말을 인식할 수 있어야 해. 그리고 입력된 말을 이해하고 처리할 수 있는 기술이 함께 지원되어야 하겠지.

스마트폰으로 입력된 언어는 네트워크를 통해 회사 시스템으로 전송되고, 회사에 있는 프로그램에서는 전송된 말을 분석해 스마트폰으로 필요한 명령을 다시 보내도록 되어 있어. 덕분에 아주 복잡한 프로그램 없이도 인공 지능 기능을 척척 수행할 수 있는 것이지.

 시리의 경우 이용하는 시간이 늘어날수록 처리할 수 있는 능력도 많아져. 시리를 오래 이용하면 스스로 사용자가 무엇을 좋아하는지 파악해서 잘 가는 음식점을 예약하거나 택시를 불러 주기도 하지.

 심성전자에서 만든 빅스비는 시리처럼 음성을 기반으로 명령을 수행해. 말하면 음성을 분석해 필요한 애플리케이션을 실행하도록 만든 것이지. 또 카메라 렌즈를 눈처럼 이용해 명령을 수행하기도 해. 카메라 렌즈를 통해 글씨나 사진, QR 코드 등을 인식한 후 인식한 내용을 분석해 필요한 정보를 찾아 줄 수 있어. 카메라로 꽃을 찍으면 그 꽃의 이름이나 판매하는 곳을 찾아내 바로 구입할 수도 있어.

 스마트폰 개인 비서를 뛰어넘어 스피커형 개인 비서도 등장했지. 스피커처럼 생긴 작은 장치에 음성 인식 기술과 인공 지능 기술을 탑재해 만든 장치야. 사람의 목소리를 인식해 필요한 정보를 찾아 주거나 집 안의 가전제품을 작동시키는 역할을 수행할 수 있어. 아마존의 에코, SKT의 누구, KT의 기가 지니 등이 시중에 나와 있어. 사람이 말만 하면 필요한 일을 처리해 주거나 대답하니 참 편리하겠지?

 어떤 사람은 구글이나 애플, 삼성전자 같은 곳에 개인의 사생활 정보가 너무 많이 보내지는 것이 아닌가 걱정해. 물론 아직 발전하는 단계라 문제점이 당장 드러나지 않고 있지만 2030년 4차 산업 혁명이 제대로 이뤄진 이후에 언제든 시한폭탄처럼 큰 문제가 생길 수 있지. 결국 기술의 발전과 함께 제도나 법이 함께 논의되고 발전되어야 미래에 발생할 수 있는 문제를 대비할 수 있을 거야.

물건과 대화하고 명령하는 사물 인터넷

민: 아빠, 미래에는 물건들끼리 서로 대화할 수 있다는 게 사실이에요?

욱: 물건과 물건이 서로 말한단 말이야? 어떻게? 그리고 왜 그러는 건데? 사람을 따돌리려고?

딩동! "내 택배 왔나 봐!" 민이는 택배 오는 건 귀신처럼 알아맞히네. 요즘은 택배 물건이 몇 시에 도착한다는 문자가 뜨고, 택배 차가 있는 장소까지 알려 주지. 그런데 정확한 시간과 장소까지 알려 주지는 않아. 하지만 앞으로는 매우 정확하게 알려 줄 거야. 택배 차와 스마트폰에 실린 사물 인터넷 기술(IOT : Internet

Of Thing)을 이용하면 얼마든지 가능해. 인터넷만 연결되면 어디서든 편리하게 내 주변의 사물과 소통할 수 있어.

사물 인터넷은 사물들끼리, 또는 사물과 사람이 서로 연결되어 서로 소통할 수 있는 기술을 말해. 이것은 4차 산업 혁명의 핵심 기술로 꼽히지. 그런데 사물에는 컴퓨터와 통신할 수 있는 장치와 여러 가시 센서가 붙어 있어야 해. 사물에 부착된 센서는 주변이 어떤지 파악할 수 있는 능력을 갖고 있어.

각각 역할에 따라 센서들은 각자 수집한 정보를 사물 속 프로그램이나 다른 컴퓨터에 전달하게 돼. 공기 청정기에는 공기 상태를 파악할 수 있는 먼지 센서가, 운동화에는 얼마나 뛰었는지 파악할 수 있는 압력 센서가 붙어 있지. 이 센서에서 보내 주는 정보를 컴퓨터가 모아서 분석하고 새로운 명령을 내리는 것이 사물 인터넷의 원리야.

예를 들어서 공기 청정기에 붙은 센서가 집 안 공기의 질을 분석해서 데이터를 보내면 컴퓨터는 공기가 나쁘다는 것을 파악하고 공기 청정기를 시작하도록 명령하는 거야. 이런 방식을 이용하면 해가 져서 어두워졌을 때 자연스럽게 책상 위 스탠드나 거실 형광등이 켜지게 되고, 실내 온도가 10도 이하로 떨어지면 보일러를 작동시킬 수 있게 되지.

2020년이 되면 500억 개가 넘는 사물이 인터넷과 연결될 거라고 해. 수백억 개의 사물은 매일 어마어마한 양의 정보를 메인 컴

일상생활에서 사용하는 사물들과 인터넷으로 연결된 세상

퓨터에 보낼 거야. 이 정보들은 중요한 빅데이터가 될 테지.

예를 들어 각 집 안의 공기 청정기가 보내 오는 정보를 파악해 어느 계절에 먼지가 가장 많은지 파악할 수 있을 것이고, 이것을 바탕으로 기업들은 제품 기획이나 마케팅 전략을 세울 수 있게 될 거야.

사물 인터넷 기술이 가장 먼저 점령한 곳은 집 안이야. 최근에 판매되는 가전제품들에는 대부분 사물 인터넷 기술이 들어 있어. 앞으로는 옷이나 가방, 신발 등의 액세서리는 물론이고 학교나 체육관 등 주변 시설에도 사물 인터넷 기술이 적용될 거야.

그래, 버스 정류장에서 몇 번 버스가 언제 도착하는지 알 수 있는 것도 사물 인터넷의 좋은 예라 할 수 있겠구나. 곳곳의 신호등 같은 교통 시스템, 상하수도 시스템 등 도시를 구성하는 물건들에 사물 인터넷이 적용되면서 도시가 편리한 스마트 시티로 바뀌어 가고 있어.

사물 인터넷은 공장이나 병원 등 우리 생활 전체로 확대될 거야. 2030년이 되면 우리를 둘러싼 모든 사물과 소통할 수 있는 환경이 완성될 거야. 우리가 살아갈 세상은 더욱 편리해지고 똑똑하게 발전하겠지!

눈동자나 지문으로 나를 증명하는 생체 인식 기술

민: 오빠, 내 일기장 훔쳐봤어? 아무리 쌍둥이지만 엄연히 사생활이란 게 있는 법이야. 그걸 함부로 보면 어떡해!
욱: 너 맞춤법 엄청 틀리더라. 히히히.

민아, 앞으론 욱이가 네 일기장을 훔쳐보는 일은 없을 거야. 민이뿐만 아니라 엄마나 아빠도 함부로 네 일기장을 열어 볼 수 없을 거야. 네가 홍채 인식 열쇠를 이용한 잠금 장치를 달아 놓으면, 네 눈동자를 이용해 잠금을 해제하지 않는 한 열어 볼 수 없게 될 테니까. 그게 가능한 일이냐고? 물론이지!

미래 세상엔 나만의 특별한 잠금 장치가 만들어질 거야. 사람 눈동자나 지문은 사람마다 모두 다른 모양이야. 이걸 이용해서 만드는 비밀 잠금 장치 기술이 미래엔 더욱 발달하게 될 거야.

불과 몇십 년 전만 해도 지문만이 사람을 구별해 내는 가장 확실한 방법이라 생각했지. 그래서 주민등록증을 만들 때 모두 지문을 찍게 한 후, 그 사람인지 확인하는 방법으로 사용했어.

그러나 요즘에는 지문뿐 아니라 눈동자 모양이나 걸음걸이, 손등의 정맥, 입술 무늬 등도 사람마다 다르다는 사실이 밝혀졌어. 미래 사회엔 이러한 몸의 특징을 잘 이용해 사람을 식별하는 기술이 개발될 거야. 이러한 기술을 '생체 인식 기술'이라고 하지.

사람의 지문, 눈동자, 목소리, 걸음걸이 등 개인이 갖고 있는 특성을 이용하여 디지털 열쇠로 사용하는 거야. 스마트폰의 열쇠로 홍채 인식 기술이 이용되고 있는 것처럼.

생체 인식 기술은 생체 정보를 읽어 들여 분석하는 기술과 이미 저장해 놓은 생체 정보를 비교 분석하는 기능으로 구성되어 있어. 누군가 중요한 자료에 접근하겠다고 요청하면 그 사람의 생체 정보를 입력하게 한 후 이미 갖고 있던 생체 정보와 비교해 접근을 허락하는 거야.

영화에서는 생체 인식 기술을 이용한 장면을 자주 볼 수 있어. 중요한 연구소에 들어갈 때 여러 단계의 출입 통제 시스템을 통과해야 하는 것이지.

눈동자를 인식해서 잠금 장치를 풀 수 있는 생체 인식 기술

　예를 들면 1단계로 눈동자의 홍채를 확인한 후, 2단계에서 통로를 지나가는 걸음걸이를 분석하고, 마지막 3단계 문을 들어갈 때 손등 정맥을 확인하는 식인 거야.
　생체 인식을 통한 보안은 은행이나 병원, 기술 기업 등 정보 관리가 중요한 곳에서 다양하게 이용되고 있어. 최근에는 생체 인식 기능이 발달하면서 여러 부분의 신체 특성을 한꺼번에 비교하는 다중 생체 인식 기술까지 연구되고 있다더구나.
　요즘 휴대 전화는 잠금 기능으로 지문 인식 기술을 이용하거나 홍채 인식 기술을 이용할 수 있지. 인터넷에서 물건을 살 때나 인터넷 뱅킹을 이용할 때도 카메라에 눈동자를 대고 본인 인증을 하면 바로 결제가 된단다.
　생체 인식 기술은 단순히 몸의 특징을 포착해 내는데 그치지 않고 더욱 다양한 방법으로 발전하고 있어. 눈동자의 움직임을 포착하여 컴퓨터 모니터의 커서를 움직인다거나 글씨를 입력하는 방법도 연구되고 있지.

자동차 회사에서는 눈꺼풀의 움직임을 파악하여 졸음 방지 시스템에 이용할 계획이라더구나. 게임 회사에서는 게임을 더 잘 즐길 수 있도록 하는 데 생체 인식 기술을 이용하고. 생체 인식 기술이 보안을 넘어 새로운 사용자 연결 기술로 인기를 끌 것인지 관심이 모아지고 있어.

몸속에 넣는 전자 생체 삽입 장치

민: 옆집 강아지를 잃어버렸는데 찾았대요. 강아지 목덜미에 내장형 전자 칩을 넣었는데 그걸로 찾았대요.

욱: 머지않아 사람 몸에도 넣지 않을까? 내 목덜미에 전자 칩을 넣는다? 헉! PC방에 가 있으면 다 들키겠네.

공상 과학 영화를 보면 신분 확인을 위해 전자 막대 같은 것을 사람 몸에 갖다 대는 것을 볼 수 있지. 몸속에 들어 있는 전자 칩의 정보를 읽어 들여 누구인지 확인하는 거야.

이미 몇 년 전 미국에서는 실제로 사람의 몸속에 신분 확인용 전자 칩을 넣을 것이라는 소문이 퍼져 세상이 들썩이기도 했지.

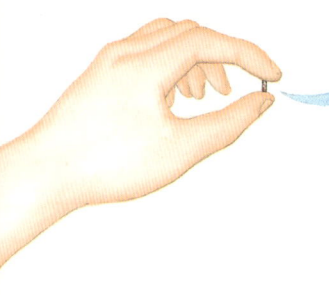
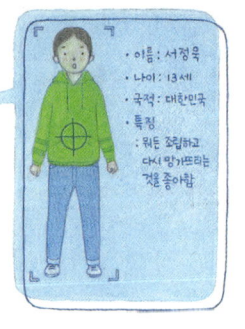

확인용 칩이라는 뜻의 베라칩은 생체에 삽입하는 쌀알만 한 크기의 전자 칩이야. 이 칩이 있으면 사람들은 굳이 자기 이름, 나이나 주소를 말하지 않아도 돼.

이 사실을 알게 된 사람들은 국가가 국민을 감시하기 위해 만드는 것 아니냐며 크게 반발하기도 했어. 그런데 몸속에 집어넣을 수 있는 작고 다양한 장치들은 신분 정보를 확인시켜 주는 것뿐만 아니라 의료 분야에서도 활용될 예정이야.

실제로 외국의 한 제약 회사에서는 약의 효능을 직접 확인할 수 있는 스마트 필이라는 약을 개발해서 관찰을 시작했대. 스마트 필은 처방된 약과 함께 우리 몸속으로 들어가 약이 움직이는 것을 직접 지켜볼 수 있도록 만들어졌거든. 의사들은 스마트 필이 보내는 정보를 이용해 약이 환자에게 적절하게 투약되었는지 효과를 확인할 수 있어 매우 환영했지.

미래 사회에서는 꾸준히 상태를 살펴야 하는 고혈압이나 당뇨병을 앓는 환자의 몸에 초소형 진단기를 삽입해 놓을지도 몰라. 그러면 환자가 위험한 상황에 처했을 때 자동으로 병원에 연락하도록 만들 수 있을 테지. 또 뇌혈관이 좋지 않은 환자의 머릿속에 감시 센서를 집어넣을 수도 있고.

생채 삽입 장치는 의료 분야뿐 아니라 다른 분야로 점차 확대되고 있어. 동물의 몸속에 들어 있는 전자 칩이 좋은 예라 할 수 있겠네. 반려동물이나 가축의 몸에 삽입된 전자 칩을 이용해 가축의 유통 경로나 반려동물의 주인을 쉽게 알 수 있지.

사람의 몸에 삽입하는 전자 칩도 개인에 대한 정보는 물론 보안 등급 등을 설정하여 입력한 후 데이터 관리에 이용할 수 있어. 전자 칩이 몸속에 들어 있는 사람만 통과할 수 있는 전자 문을 만들어 놓고 다른 사람들이 회사에 들어오는 것을 통제할 수 있지.

지금은 신분증 대용으로만 전자 칩의 용도가 논의되고 있지만 사실 전자 칩 안에 들어가는 정보는 계속 늘어나게 될 거야. 신용카드 정보를 비롯해 통신 기능, 스마트 열쇠 등 다양한 기능이 결합될 수 있겠지. 그러면 사람들은 카드나 스마트폰 없이 신체의 일부를 결제 기기에 대는 것만으로도 물건을 살 수 있고, 귀를 톡톡 건드리거나 가벼운 동작만으로 전화를 걸 수 있을 거야. 자동차나 현관문을 여는 것도 손가락만 가볍게 움직여 주면 되겠지. 더 이상 이런 기술은 상상에서나 가능한 일이 아니야.

얼마 전 스웨덴에서 손등에 심는 전자 티켓을 선보였는데 승객이 종이 티켓을 사는 대신에 손등만 스캐너 앞에 가볍게 갖다 대면 되는 거야. 그러면 스캐너로 티켓을 읽고 확인해서 좌석을 안내해 주는 거지.

스웨덴에는 이미 약 2만여 명의 사람들이 몸에 전자 칩을 집어넣은 상태라고 해. 주로 전자 기술 회사에 다니는 사람들로 출입증 대신 이용하고 있대. 이 사람들을 대상으로 전자 티켓을 시범 운영할 계획이며 앞으로 사용자가 계속 늘어날 것이라 기대하고 있어. 우리나라 사람들도 머지않아 주민등록증 대신 전자 칩을 갖고 다니지 않을까?

컴퓨터와 머릿속을 연결하는 뇌 컴퓨터 인터페이스

욱: 아빠, 혹시 미래에 초능력자들은 안 나올까요? 내 생각대로 물건을 마음대로 움직일 수 있는 초능력 같은 거 말이에요.
민: 으이구, 아무리 4차 산업 혁명의 시대라지만 그건 좀 심하잖아. 자, 리모컨이나 받아.

마술사나 외계인, 초능력을 갖고 있는 사람들이 염력을 이용해 물건을 들었다 놓거나 옆으로 옮기는 것을 종종 텔레비전에서 보았을 거야. 이런 일은 초능력을 가진 특별한 사람들만 할 수 있는 일이라고 생각했지?
그런데 놀랍게도 실제로 생각한 것을 실행화시킬 수 있는 기술이 개발되고 있어. 바로 뇌 컴퓨터 인터페이스(BCI-Brain

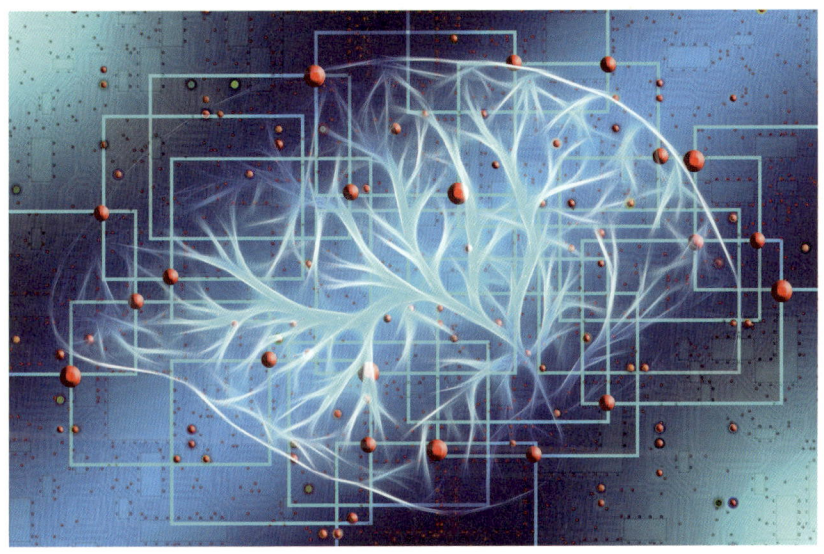

사람의 생각을 읽고 컴퓨터로 보내는 미래 사회

Computer Interface)라는 것을 이용해서 말이야. 뇌 컴퓨터 인터페이스는 뇌에서 생각한 것을 바로 컴퓨터가 실행하도록 하는 것이야.

지금까지 사람은 뇌에서 생각하고 눈과 손을 움직여 컴퓨터를 작동시켰어. 그런데 이제는 눈이나 손의 도움 없이 바로 컴퓨터가 실행할 수 있게 된 거야.

사람의 생각을 읽어 내는 방법에는 여러 가지가 있어. 뇌 안에 뇌신경을 감지할 수 있는 장치를 집어넣거나, 뇌가 보내는 신호를 측정할 수 있는 장치를 이용할 수도 있지. 그런데 뇌 안에 장치를 집어넣는 방법은 사람에게 위험할 수 있으니 주로 뇌파 측정 장치를 이용하는 방법을 연구하고 있어.

　뇌파를 측정하는 장치는 헬멧이나 헤드 밴드와 같은 모양이라 머리 위에 쓰기만 하면 돼. 그리고 나서 원하는 작업을 생각하면 뇌파를 측정할 수 있어. 측정된 뇌파값은 무선으로 연결된 컴퓨터나 기계에 보내지고, 컴퓨터와 기계는 사람이 생각한 작업을 수행하는 거야.

　아직은 아주 간단한 형태의 작업만 가능하지. 하지만 곧 키보드나 마우스 없이도 컴퓨터에 글자를 입력하고 필요한 프로그램을 실행시킬 수 있을 것이라 기대하고 있어.

　이미 사람의 눈동자를 따라 움직이는 마우스나 목소리로 작동되는 기기 등 좀 더 편리하게 사용할 수 있는 기계들이 등장하고

있어. 이런 기술이 발달하면 몸을 움직일 수 없는 중증 장애를 가진 사람, 나이가 많아 동작이 불편한 사람도 아주 편리하게 컴퓨터를 사용할 수 있게 되겠지!

얼마 전 뉴럴링크라는 회사에서는 인간의 두뇌와 컴퓨터를 연결해 머릿속에 저장되어 있는 기억과 정보를 업로드하거나 다운로드하는 기술을 연구하기 시작했다고 해.

이 기술이 확대되면 사람이 컴퓨터 속으로 들어가 가상 세계에 살 수 있고, 아예 새로운 기억을 심을 수도 있다고 해. 미래에는 만화처럼 간직하고 싶은 기억만 남기고, 고통스러운 기억은 지우는 일이 실제로 일어날 수 있어. 두근두근 설레이지 않니?

> **? 아빠의 깜짝 질문**
>
> 얼마 전부터 우리나라에서는 환자 스스로 연명 치료를 중단할 수 있는 권리가 생겨났어. 연명 치료라는 것은 산소 호흡기나 장비를 이용하여 환자의 생명을 연장시키는 것이야. 몸을 움직이지 못하고 말도 못하는 상태에서 치료를 받는 것이 무의미하다고 생각하는 사람들이 스스로 치료를 포기하는 걸 선택할 수 있도록 만들어 준 법이라 할 수 있지. 하지만 아직 논란 거리가 많은 게 사실이야.
> 그런데 지금은 치료할 수 없어도 새로운 의학 기술이 개발되면 다시 치료할 수도 있지 않을까? 너희는 어떻게 생각해?

내가 원하는 아기를 만들 수 있는 유전자 연구

민: 영화를 봤는데 미래에는 유전자 조작으로 내가 원하는 완벽한 아기를 낳을 수 있대.
욱: 그럼 완벽하지 못한 나는 뭐가 되니? 오징어?

'태어날 때부터 외모도 두뇌도 완벽하다면 얼마나 좋을까?'
한 번쯤 이런 생각을 해 보았을 거야. 미래에는 이런 상상이 실현될 가능성이 커지고 있어. 원하는 조건으로 아기를 낳을 수 있는 시대가 다가오고 있으니까.

2000년 8월, 미국의 콜로라도에서 아주 특별한 아기가 태어났어. 한 살 위의 누나와 똑같은 골수체를 가진 아담이라는 남자아이였어. 팬코니 빈혈증을 앓고 있던 누나에게 골수를 이식해 주기 위해 의료진과 부모가 인공적으로 만든 아기였어. 세계 최초의 맞춤 아기인 셈이지.

아담은 엄마 아빠의 난자, 정자로 여러 개의 인공 수정란을 만든 후 누나와 똑같은 유전자 모양을 갖고 있는 배아를 골라 엄마의 자궁에 넣어 태어날 수 있었어. 배아의 유전자를 일일이 검사하느라 시간이 오래 걸렸지.

그런데 최근에는 수정란을 일일이 분석할 필요 없이 간단한 방법으로 원하는 조건의 수정란을 만들어 낼 수 있어. 바로 유전자

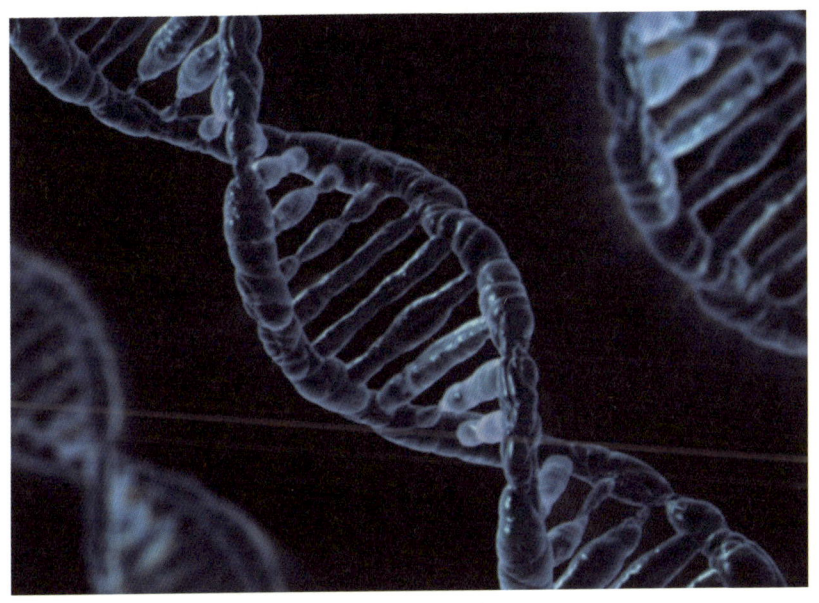
질병을 낫게 하고 농업 생산 발달을 가져오게 하는 유전자 연구

편집 기술을 이용한 거야. 복잡하고 방대한 유전자 서열을 분석한 후, 정확한 위치의 유전자를 골라 필요한 유전자로 바꾸는 방법이지. 디지털 기술과 생명 과학의 결합으로 이루어 낸 성과였어.

유전자 조작은 농업이나 축산업 분야에서 생산량을 늘리기 위해 주로 많이 이용되어 왔어. 열매가 많이 열리는 콩이나 근육이 많은 돼지, 썩지 않는 토마토 등 다양한 연구가 이루어졌고, 수확량이 많은 콩이나 옥수수는 현재 재배되고 있어. 동식물 유전자 연구에서 이제는 인간 유전자 연구로 발전한 셈이지.

인간 유전자 연구는 엄청난 연구비가 들어서 쉽게 진행할 수 없었어. 2003년 사람의 유전자 지도를 처음 밝힐 때만 해도 자그마치 27억 달러의 비용이 들었어. 하지만 최근 디지털 기술의 도움으로 그 비용이 크게 낮아지고 있어.

사람의 DNA에는 약 32억 쌍의 염기 서열과 4만여 개의 유전자가 들어 있다고 해. 어마어마한 정보를 정확하게 분석하기가 쉽지 않았지만 컴퓨터와 빅데이터 분석 등 디지털 기술이 발달하면서 빠르고 정확한 분석이 가능해졌어. 두세 달씩 걸리던 유전자 편집 과정이 10일 이내로 크게 줄어들었어. 이러한 연구 과정의 개선으로 생명 공학은 빠르게 발전하고 있어.

유전자 연구는 사람의 건강과 생명 연장에 도움을 줄 수 있어. 많은 제약 회사에서는 새로운 약을 개발하기 위해 유전자 연구를 하고 있어. 실제 혈우병 환자의 유전자에서 병을 일으키는 유전자를 오려 내고 정상 유전자로 바꾼 뒤 동물에게 투여해 보았더니 혈우병이 나았다고 해.

만약 집안 대대로 병을 갖고 태어난다면 유전자 진단법을 통해 아기의 유전자에 문제가 있는지 먼저 진단할 수도 있고, 병을 일으키는 유전자를 오려 내 정상 유전자로 바꾸어 넣을 수도 있어. 유전병이 없는 건강한 아이를 출산할 수 있지. 더 나아가 부모가 갖고 있는 유전자 중 원하는 유전자만 골라내 맞춤 아기를 만드는 것도 가능해져.

하지만 유전자 편집에 대해서는 아직 논란이 많아. 사람이 사람을 마음대로 만들어 낼 권한이 있는지, 유전자 조작으로 태어난 아이의 인권은 누가 보장해 줄 것인지 등 윤리적인 논쟁이 끊이지 않고 있어.

영화 〈마이 시스터즈 키퍼〉에 나오는 주인공 안나는 언니의 병을 치료하기 위해 세상에 태어난 맞춤 아기야. 태어나면서부터 언니에게 자신의 신체 일부를 내어 주던 안나는 결국 자신의 권리를 찾겠다고 부모를 고소하지.

> **❓ 아빠의 깜짝 질문**
>
> 유전 공학, 의학, 정보 통신 기술이 계속 발전해서 앞으로는 사람의 수명이 점점 늘어나게 될 거야. 100년 어쩌면 200년까지 살 수 있게 될지 모르지. 그렇다면 미래의 지구는 어떻게 될까?
> 과연 오래 산다는 것이 행복할까? 부자들만 오래 살게 되는 건 아닐까?

스스로 생각하고 움직이는 자율 주행 자동차

욱: 어? 자동차가 혼자 움직이네? 운전하는 사람이 핸들을 놓고 있어요!

민: 인공 지능을 가진 자율 주행 자동차인가 봐! 저러다 다른 차와 충돌할까 봐 겁나요.

몇 년 전부터 사람들은 스스로 움직이는 자동차에 열광하고 있어. 인공 지능만큼 4차 산업 혁명의 핵심 기술로 떠오르고 있는 자율 주행 자동차 기술이지. 사람 없이도 자동차를 몰 수 있는 자율 주행 자동차는 어떤 원리로 움직이는 것일까?

자율 주행 자동차는 운전자가 자동차를 운전할 필요 없이 스스로 운전할 줄 아는 자동차야. 앞에 자동차나 사람이 있으면 속도를 줄이거나 멈춰 서고, 비나 눈이 와서 도로가 미끄러우면 알아서 속도를 줄이기도 해. 사람처럼 교통 상황을 판단해 움직이는 방법을 결정하는 자동차가 등장한 것이지.

자율 주행 자동차가 혼자 운전하려면 우선 자동차 안에 주변을 인식할 수 있는 센서가 있어야 해. 센서는 기계의 눈과 귀, 코 역할을 담당하는 장치야. 사람이 눈, 귀, 코 등의 감각 기관을 통해 주변 상황을 알 수 있는 것처럼 자동차 역시 센서를 통해 주변 상황을 알 수 있어.

센서가 앞뒤에 물체가 있는지 파악해 자동차에 전달해. 그럼 자동차는 멈추어 서야 할지 속도를 줄여야 할지 판단한 후 움직임을 결정하게 돼. 만약 앞에 있는 물체가 일정한 속도로 함께 움직이고 있다면 앞의 물체에 맞추어 속도를 조절하고 앞의 물체가 움직이지 않는다면 자동차는 멈춰 서게 돼. 물론 뒤따라오는 자동차가 있다면 위급한 상황을 알려 주기도 하고.

센서와 함께 차량과 사물 간 통신 기술은 자율 주행을 가능하게 하는 핵심 기술이라 할 수 있어. 무선 인터넷인 와이파이 기반으로 주변의 모든 것과 소통할 수 있게 만들어 주는 통신 기술이야. 교통 시스템과 연결해 교통 상황을 파악하고 자동차 주변의 물체나 앞뒤 자동차와 서로 연락해 주변을 종합적으로 파악하도록 도와줄 수 있어.

이외에도 시스루나 충돌 방지 시스템 같은 새로운 기술이 포함

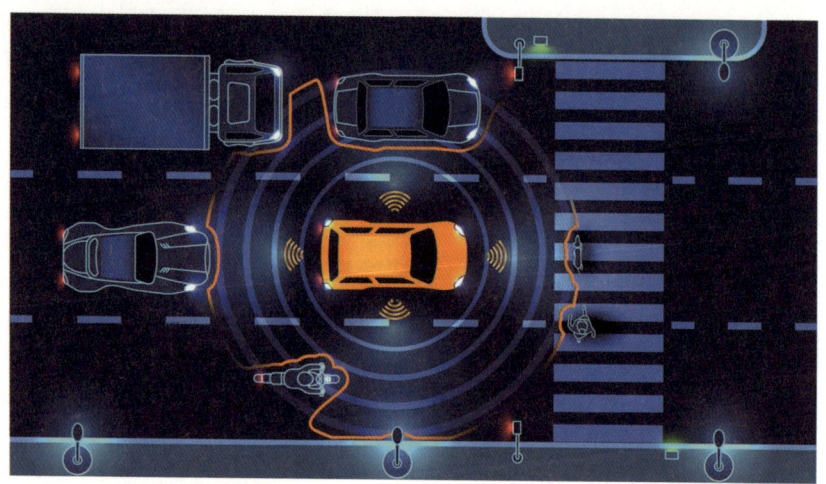
자동으로 충돌 방지하는 자율 주행 자동차

돼. 시스루는 커다란 차가 앞에 있어서 큰 차 앞의 도로 상황을 알 수 없을 때 앞차의 카메라 정보를 공유하는 신기술이야. 자동차들끼리 서로 통신하면서 도로 상황에 대한 정보를 공유하기 때문에 여러 대의 자동차 충돌 같은 대형 사고를 막아 줄 수 있어.

자율 주행 기술은 다른 분야에 비해 상당히 빠르게 발전하고 있어. 이미 고급 자동차에 완벽하지는 않지만 부분적인 자율 주행 기능이 포함되었어. 운전자가 잠깐 물을 마시거나 딴짓을 해도 앞차와 충돌하지 않도록 막아 줄 수준까지 와 있어. 미국의 네바다 주에서는 이미 2012년 자율 주행 자동차가 운행될 수 있도록 허가도 내주었어.

얼마 전에는 자율 주행 자동차가 큰 사고를 내서 문제가 되기도 했어. 테슬라의 자율 주행 자동차가 앞에서 달려오는 흰색 트럭의 옆면을 하늘로 잘못 인식해 그대로 돌진했거든. 사람들은 자율 주행 자동차를 타도 정말 안전할까 걱정하기 시작했어. 하지만 사고가 났다고 해서 자율 주행 자동차가 믿지 못할 만큼 안전하지 않은 것은 아니라고 해. 수많은 테스트를 거쳐 안전한 자동차가 되도록 만들 예정이니까.

지금 자율 주행 자동차는 언제든 운전자가 자율 주행 기능을 끄고 스스로 운전할 수 있도록 되어 있어. 안전성이 좀더 검증되면 아예 운전자의 운전 기능이 필요 없는 수준에 도달하겠지. 영화에서처럼 멀리서 자동차를 호출하면 자동차 스스로 지정된 장소까지 오게 할 수도 있어.

자율 주행 자동차는 특히 버스나 화물차 같은 대형차 운행에 효과적으로 이용될 수 있어. 대형차들은 주로 먼 거리를 이동하는데 운전자는 피곤할 수 있잖아. 사람이 운전하는 것보다 자율 주행 차량으로 대체함으로써 훨씬 안전하게 운송할 수 있으리라 기대하고 있어.

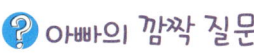

자율 주행차를 타고 가다 교통사고가 났어. 교통사고의 책임은 운전자에게 있을까? 아니면 자동차 회사에 있을까?

가스나 휘발유가 필요 없는 미래의 자동차들

욱: 콜록콜록, 매연이 너무 심해요.

민: 으아, 콧물! 물과 태양으로 가는 자동차가 나온다면서요?

지구가 이상 기온으로 몸살을 앓고 있어. 어느 나라에는 눈이 너무 많이 오는데, 어느 나라에서는 홍수가 나기도 해. 우리나라에서도 한 시간에 100ml의 비가 갑자기 쏟아진다거나 봄에 눈 오는 일이 있었어. 이상 기온 현상은 지구 온난화로 인해 지구가 더워졌기 때문이지. 이산화탄소를 비롯한 온실가스가 가장 큰 주범으로 꼽히고 있어.

자동차는 대표적인 온실가스 배출 장치 중 하나야. 자동차 업계에서는 어떻게 하면 온실가스를 배출하지 않는 자동차를 개발할까 연구하고 있어. 자동차 분야의 4차 산업 혁명은 석유가 아닌 새로운 에너지원의 자동차를 개발하는 것이라 할 수 있어.

테슬라는 세계적인 자동차 회사야. 자동차 업계의 애플이라 불리는데 BMW나 폭스바겐 같은 전통적 자동차 회사와 조금 차이가 있어. 자율 주행 자동차를 비롯해 전기 자동차 등 미래형 자동차만을 생산한다는 점이야.

테슬라에서 생산하는 전기 자동차는 노트북에 사용되는 소형 리튬 이온 전지를 사용하는데, 한 번 충전으로 400km 정도를 달

전기를 충전해서 움직이는 전기 자동차

릴 수 있어. 하지만 미래에는 더 먼 거리까지 가게 될 거야.

전기 자동차가 처음 등장한 것은 1990년대 중반이었어. 1990년대 초부터 온실가스에 대한 규제가 강해지자 몇몇 자동차 업체에서 전기 자동차를 연구하기 시작했어. 1996년 제너럴 모터스는 EV1이라는 전기 자동차를 만들었지만 큰 인기를 끌지는 못했어. 자동차 배터리를 가득 충전해도 얼마 달리지 못할 뿐 아니라 배터리를 충전할 수 있는 곳이 많지 않았기 때문이지.

일본의 자동차 회사 도요타는 이러한 문제를 해결하기 위해 석유와 전기 모두 이용할 수 있는 하이브리드 차를 만들었지. 현재 시장에 많은 종류의 하이브리드 차가 판매되고 있는 상황이며, 미래에는 순수한 전기 자동차의 시장 점유율이 크게 올라가리라 예측되고 있어.

2008년 테슬라는 전기로 움직이는 스포츠카를 발표했어. 4년이 넘는 시간 동안 공을 들여 개발한 것이지. 충전 후 300km 이상 달릴 수 있어서 전기 자동차의 새로운 가능성을 보여 줬어. 이후 테슬라는 꾸준히 새로운 전기 자동차와 자율 주행 자동차를 선보이고 있어. 4차 산업 혁명과 맞물려 전기 자동차 시장의 새로운 강자로 주목받고 있지.

얼마 전부터 테슬라는 미국 네바다의 사막 한가운데 기가 팩토리라는 공장을 만들고 있어. 리튬 이온 전지를 생산하는 공장이지. 수백만 대의 전기 자동차에 리튬 이온 전지를 원활히 공급하기 위해 만들어졌다고 해. 테슬라의 전기 자동차 안에는 작은 리튬 이온 전지가 수천 개씩 들어가기 때문이야.

기가 팩토리가 관심을 끄는 또 하나의 이유는 바로 친환경 에너지로 공장을 움직이기 때문이야. 공장 지붕은 전부 태양열 판으로 되어 있지. 태양열과 사막의 뜨거운 지열, 바람을 이용해 모든 전기를 자체 생산하고 있어.

최근에는 태양광이나 수소를 이용하는 친환경차가 등장했어. 수소차에는 일반 전지 대신 수소와 산소를 반응해 전기를 만들어 내는 '스택'이라는 장치가 들어가 있어. 차 안에 수소를 담을 수 있는 탱크가 실려 있는데 이 수소와 공기 중의 산소를 반응시켜 에너지를 만들어 낼 수 있어. 이렇게 만들어진 에너지로 전기 모터를 움직여 자동차가 움직이는 것이지. 수소차는 매연과 같은 나뿐 물질이 만들어지지 않아. 그래서 전기 자동차보다 더 친환경적이라 평가받고 있어.

수소차를 처음 양산한 회사는 우리나라의 현대 자동차야. 도요타를 비롯해 벤츠 등 외국 자동차 회사에서도 수소차를 만들기 위해 노력하고 있어.

내 마음대로 조종 가능한 스마트 홈과 스마트 시티

민: 머지않아 집이 살아 움직이는 것처럼 똑똑해진대. 난 좀 무서울 거 같은데. 내가 마치 고래뱃속에 들어가 있는 기분이 들 것 같아…….

욱: 말만 하면 집이 척척 알아듣고 도둑까지 막아 주는데 뭐가 무섭니?

나를 중심으로 도시가 움직인다면 어떤 기분일까? 주변에 큰 사고가 일어났을 때 내 자동차에 위험 신호를 보내 주고, 우리 집에 도둑이 침입하면 자동으로 경찰에 신고해 준다면 어떨까?

사물 인터넷과 네트워크 기술이 사람들의 안전을 지켜 주는 사이버 보안관이 되었어. 스마트 홈에 이어 스마트 시티까지 정보 통신 기술이 적용되는 범위가 넓어지면서 우리가 살고 있는 도시

인터넷으로 편리하게 제어 가능한 집과 도시

의 모습이 바뀌고 있어.

　스마트 홈은 언제 어디에서나 집 안의 모든 것을 마음대로 조종할 수 있는 똑똑한 집이야. 한겨울에는 집에 도착하기 전에 난방기를 켤 수 있고, 방 안의 전등이나 컴퓨터도 바깥에서 작동시킬 수 있어. 도둑이 침입했다면 경찰이 올 때까지 집 안의 모든 문이 열리지 않도록 잠가 버릴 수도 있어.

　스마트 홈은 사물 인터넷 기술을 기반으로 만들어져. 가전제품은 물론 조명, 난방, 보안 등 집의 주요 기능을 담당하는 곳에 센서가 붙게 돼. 이 센서들은 유무선 인터넷을 통해 집주인에게 정보를 전달하기도 하고 다른 기계에 신호를 보낼 수도 있어.

　예전에도 이와 비슷한 홈 네트워크 시스템이 있었지. 그때는 집 안의 가전제품을 유무선 인터넷에 연결하여 조종하는 것이 전부였어.

　하지만 최근의 스마트 홈은 범위가 훨씬 넓어졌어. 실내 온도와 습도는 물론 창문이 열려 있는지, 저장되어 있는 태양열 에너지는 넉넉한지, 집 안에 혼자 있는 강아지가 잘 움직이는지 등 집과 관련된 대부분의 것을 확인하고 조절할 수 있어.

　스마트 홈은 주변의 다른 집이나 마을 전체와 연결될 수 있어. 마을은 다시 도시 전체로 연결되지. 도시 전체가 정보 통신 기술로 연결된 첨단 도시를 스마트 시티라고 불러. 스마트 시티 시스템은 도시의 주요 시설뿐 아니라 도시에 살고 있는 사람과도 네트워크로 연결되지.

　항만 도시인 함부르크는 도시의 교통 문제를 해결하기 위해 스마트 시티로 탈바꿈하려 하고 있어. 커다란 배가 지나갈 때 다리를 올렸다가 배가 지나가고 나면 다리를 원래대로 내려 자동차가 다니도록 하고 있는데 모든 과정을 사물 인터넷과 네트워크 기술로 통제할 수 있어.

　스마트 시티에서는 위급한 상황이 발생하면 사람들에게 개별로 연락해 소통할 수 있어. 사람들은 자신의 상황에 맞게 전달되는 스마트 시티의 메시지를 보며 도시가 마치 나를 중심으로 움직이는 것처럼 느낄 수 있어.

학교 앞을 지나는 차가 너무 빨리 달리면 운전자에게 경고 메시지를 보내고, 자동차 사고가 일어나면 자동으로 경찰과 119에 신고하고, 주변 자동차들에게 경고 메시지를 보내. 폭우가 쏟아지면 물이 빨리 빠져나갈 수 있도록 하수 시설에 신호를 보내기도 하지.

이렇게 도시 전체가 서로 연결되어 사람들의 생활이 조금 더 편해지도록 돕는 것이지. 사물 인터넷과 인공 지능, 빅데이터 등 4차 산업 혁명의 핵심 기술은 2030년 미래 도시를 똑똑하고 안전하게 만들 것으로 기대하고 있어.

사람을 닮은 휴머노이드

욱: 어휴, 수학 문제를 10쪽이나 풀어 가야 해. 누가 대신해 주면 얼마나 좋을까!

민: 미래에 숙제를 대신해 주는 로봇이 나오면 좋겠어.

사실 어렸을 때 아빠도 그런 상상을 했어. 누구나 한 번쯤 그런 상상을 하지 않을까? 이렇게 내 일을 대신해 주는 무언가가 있으면 좋겠다는 생각에서 로봇이 만들어졌어. 그런데 이제는 인간보다 더 많은 정보를 가지고 인간이 어떻게 하면 좋은지 조언할 정도의 수준으로 발전했어.

우리는 보통 로봇이라고 하면 사람과 비슷한 모양을 한 첨단 장비를 떠올려. 사실은 인간의 명령을 혼자 힘으로 처리하는 기계를 모두 로봇이라고 해. 자동차 부품 공장에서 나사만 조이는 로봇 팔이나 무거운 물건을 정해진 장소에 이동시키는 자동 지게차, 의료용 기계 장치 등이 모두 로봇에 포함돼.

1960년대 처음 로봇이 만들어졌을 때는 정해진 일만 하도록 설계되었어. 1980년대까지 많은 기업들이 상품을 빠르게 많이 만들기 위해 산업용 로봇을 도입했어. 이후 산업 현장뿐 아니라 병원, 지진이나 산사태가 일어난 재해 현장, 가정집에서 이용할 수 있는 로봇이 만들어졌어. 사막이나 심해, 우주처럼 인간이 활동하기 힘든 탐사 현장에도 로봇이 투입되었어.

이 로봇들은 정해진 프로그램에 따라 일을 수행하고 보고하도록 설계되었어. 플라스틱이나 강철을 이용한 딱딱한 기계 장치의 모양이었지.

1990년대 이후 로봇에도 서서히 변화가 찾아왔어. 로봇이 처리할 수 있는 일의 가짓수가 늘어났고, 사람의 행동을 그대로 따라 할 수 있는 로봇까지 만들어졌어. 1999년에는 소니가 강아지 로봇을 발표했어. 사람이 강아지 로봇에 관심을 갖고 예뻐해 주면 더 많은 애교를 부리도록 설계되었지. 아빠도 한 대 사고 싶었지만 너무 비싸더구나.

2000년대 이후 우리가 생각하는 인공 지능 로봇이 연구되기 시작했어. 사람과 비슷한 모양을 가진 로봇이 등장한 것이지. 사람과 닮았다 해서 휴머노이드라 불러.

어떤 로봇은 사람처럼 관절 마디마디를 움직일 수 있고 사람 피부와 비슷한 겉면을 갖고 있기도 해. 좀 어색하고 자연스럽지 않아서 징그럽다고 말하는 사람도 있지만, 앞으로 기술이 발달하면 사람인지 로봇인지 구분이 되지 않을 거야. "어머나, 너 로봇이었니?" 하면서 사람들이 놀라겠지.

일본에서는 양로원에 로봇 간호사가 등장했어. 로봇 간호사는 환자들에게 약이나 음식을 배달해 주고, 좋아하는 음악을 틀어 도움을 주고 있어. 최근에는 외모뿐 아니라 스스로 공부하고 판단할 수 있는 지능형 로봇까지 등장했어. 인공 지능과 결합되면서 사람보다 더 똑똑한 로봇이 등장하게 되었지.

지능형 로봇의 핵심은 인공 지능과 빅데이터, 딥 러닝 기술이야. 수많은 정보를 가지고 최적의 답을 찾을 수 있도록 설계된 프로그램이 로봇에 탑재된 거지. 사람과 비슷한 로봇이 앉아서 변호사처럼 법률 상담을 해 주고, 보험 설계사처럼 어떤 보험이 좋은지 설명해 주는 거야.

사람들은 로봇이 사람들의 일자리를 뺏어 가는 것이 아닌가 걱정하고 있어. 머지않아 의사, 변호사, 회계사 같은 인기 직업도 인

공 지능 로봇이 대체할 것이라는 예측이 나오고 있어. 세계경제 포럼에서도 2030년이 되면 710만 개의 일자리를 로봇이 대신할 것이라 예측하기도 했어.

하지만 너무 걱정 마. 반대로 산업 환경이 변하면서 시대에 알맞은 새로운 일자리가 생겨날 테니. 그러면 어떤 직업들이 생겨날 거 같니? 로봇이 할 수 없는 일이겠지. 사람들의 공감 능력을 필요로 하는 직업이나 창의력이 필요한 새로운 직업이 등장할 거야.

베트남에서 개발한 탁구 치는 로봇은 사람의 모습과 아주 비슷해. 사람처럼 관절을 움직이거나 표정을 짓는 로봇까지 등장했어. 인공 지능이 탑재된 어떤 로봇은 사람의 표정이나 음성을 인식해 말하는 사람의 감정이 어떠한지 되묻기까지 한다고 해.

> **❓ 아빠의 깜짝 질문**
>
> 사람의 몸은 아주 복잡하고 세밀하게 조직되어 있어. 그래서 의사들의 경험과 환자의 상태를 전체적으로 파악해 병을 진단해. 그런데 로봇 의사가 과연 복잡한 사람의 몸 상태를 파악해서 정확한 진단을 내릴 수 있을까? 너희는 그것이 가능하다고 생각하니?
> 만약 로봇 의사가 잘못해서 의료 사고가 나면 그 책임은 누가 져야 할까?

 **미루지 말고 세상을 깜짝 놀라게 해요!**

욱: 민아, 미래를 계획한다는 생각을 하니까 초등학교 때 생활 계획표를 만들던 때가 기억난다.

민: 컴퍼스로 동그란 원을 그리고, 하루 24시간을 써넣은 뒤 아침 기상부터 체조, 독서, 일기 등으로 칸칸이 알록달록 채워 넣었지.

욱: 정성을 들여 예쁘게 만든 생활 계획표를 벽에 붙여 놓고는 내일부터 꼭 지키겠다고 약속하며 잠들었지만…….

민: 다음 날 아침부터 단 하루도 지키지 못했잖아.

욱: 그때는 왜 계획을 지키지 못했을까? 우리 또 그렇게 되는 건 아닐까?

아빠 또한 어린 시절에 생활 계획표를 제대로 지킨 적이 없구

나. 왜 계획표대로 하지 못했는지 아빠는 이제 알겠어. 계획을 잘 세우는 법도 몰랐고, 계획을 잘 실천하는 법도 몰랐던 거야. 무조건 꼼꼼하게 계획을 세우면 저절로 이뤄질 줄 알았는데 아니었지. 미래를 준비하기 위해서는 거창한 계획을 세우는 것이 아니라 실천할 수 있는 계획을 세우는 게 중요해.

누구에게나 미래는 불확실해. 빠르게 변화하는 4차 산업 혁명 시기에는 더욱 불확실하지. 그런데 어떻게 미래를 준비해 성공할 수 있냐고?

성공하는 사람들이 모두 미래를 확실하게 내다보고 준비하는 것은 아니야. 그러나 성공하는 사람들에게는 미래에 대응하는 분명한 공통점이 있어. 벤저민 프랭클린이 말했지. 성공한 사람들의 공통점은 '지금'이라고. 그러니까 나중에 준비하겠다고 미루지 말고 일단 지금 행동하는 것이 필요해.

반대로, 실패하는 사람들의 공통점은 질질 끌면서 미루는 버릇이지. '언젠가는 할 거야, 언젠가는 해 봐야지, 언젠가는 할 수 있어'라고 생각하지만 그 '언젠가'는 오지 않는 법이야.

아빠가 가끔 마라톤을 할 때마다 느끼는 점이 있어. 마라톤은 우리 인생과 비슷하다는 거야. 호루라기가 울리면 얼마 지나지 않아 선두 그룹이 생겨. 선두 그룹에 속한 선수들은 결코 뒤처지지 않으려고 노력하지. 잔인하지만 한 번 선두 그룹에서 멀어지면 나중에 아무리 열심히 뛰어도 선두 그룹으로 들어갈 수 없다는 걸 알거든.

미래에 대한 준비도 그래. 오늘 당장 준비하지 않고 미루어 놓으면 나중에는 아무리 노력해도 따라갈 수가 없어.

성공에 대해 너무 두려워하지 마. 누구나 부족한 점은 있어. 완벽한 사람은 이 세상에 없으니까. 예컨대 처음 만난 사람과 말을 섞지 못한다든가 남달리 몸이 허약하다든가 집중력이 약해 책을 오래 보지 못한다든가 또는 감정 조절이 되지 않아 뒤늦게 후회하는 사람도 있지.

운동을 배울 때 가장 먼저 하는 게 뭔지 아니? 바로 실수야. 실수를 자꾸 반복하면서 실력을 키우는 거야. 실수를 두려워하면 성공하지 못해. 오늘보다 더 나은 내일을 위해 나아가려면 실수도 하고 넘어지기도 해야 해.

미래에 대한 걱정이 없다면 특별한 계획이 있을 리 없지. 그러니까 걱정이 생긴다는 것은 변화를 바란다는 뜻이야. 인생을 제대로 즐기고 싶다면, 언제나 현실을 직시하고 어떤 일이 닥치더라도 그 일을 해결하겠다는 용기를 갖도록 해.

내일을 위해 어떤 나무를 심을까 생각해 보았니? 열매를 맺지 못할까 봐 나무를 심지 못하겠다고? 비록 계획이 내 뜻대로 실현되지 않더라도 절망하지 마. 늘 용기를 잃지 않고 계속 도전하다 보면 결국 인생은 변화하게 되니까.

앞으로 가야 할 길에 너희는 혼자가 아니야. 신용복 교수님이 이런 말을 했지.

"길은 누가 여는 게 아니야. 여럿이 함께 가야 생기는 거야."

앞으로 세상을 살아가면서 끊임없이 새로운 문제에 부딪칠 거야. 그때 주변을 돌아봐. 나의 부족함을 채워 줄 사람이 주변에 꼭 있을 거야. 주변에 어려움을 겪는 친구가 있다면 적극적으로 도와줘야 해. 서로의 부족함을 채워 주면 세상에 두려울 것이 없어.

미래는 너희 세상이야. 실수를 하더라도 도전해 보자. 너희는 얼마든지 실수해도 괜찮을 때란다!

참고 도서

유엔 미래 보고서 2025, 2045
클라우드 슈밥의 4차 산업 혁명
다보스 리포트 2016, 2017
10대가 알아야 할 미래 직업 이동
미래창조과학부의 미래 보고서
세계 경제포럼 리포트, Future of the job, Education revolution
세상을 바꾸는 14가지 미래 기술
잡 킬러 등